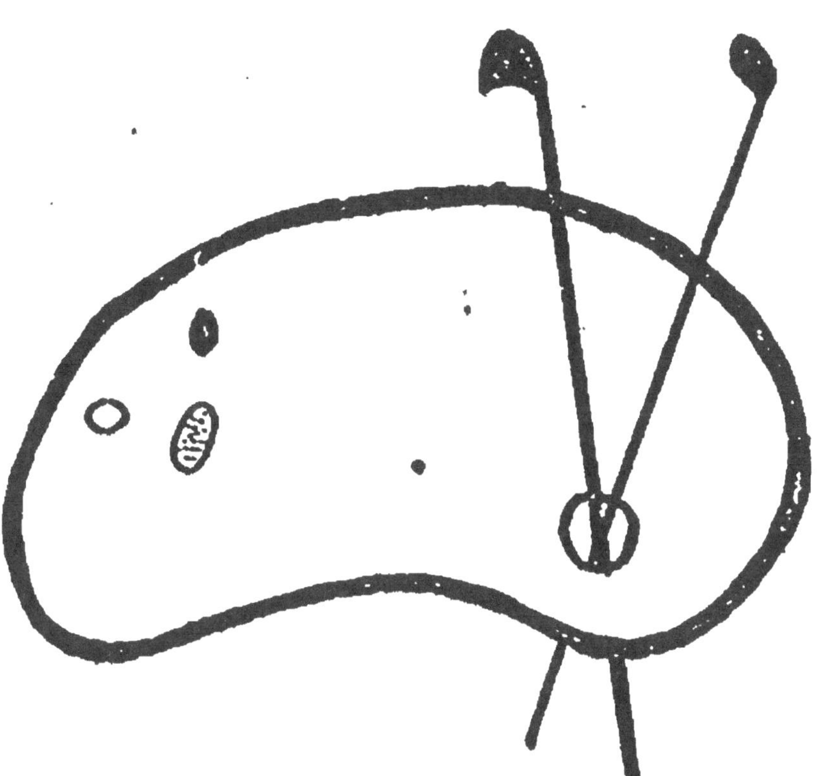

COUVERTURE SUPÉRIEURE ET INFÉRIEURE
EN COULEUR

RÉFORMES NÉCESSAIRES

AUX

ÉTATS MUSULMANS

ESSAI

Formant le premier chapitre d'un ouvrage politique et statistique

intitulé :

LA PLUS SÛRE DIRECTION POUR CONNAÎTRE L'ÉTAT DES NATIONS

PAR

LE GÉNÉRAL KHÉRÉDINE

ANCIEN MINISTRE DE LA MARINE A TUNIS, ET ANCIEN PRÉSIDENT

DU GRAND CONSEIL TUNISIEN

Traduit de l'arabe sous la direction de l'auteur.

PARIS

E. DENTU, ÉDITEUR

PALAIS-ROYAL, 17 ET 19, GALERIE D'ORLÉANS

1875

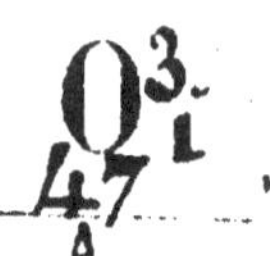

IMPRIMERIE H. D'HOMONT
RUE DES TRIBUNAUX
4
SAINT-OMER

NOTE DE L'ÉDITEUR

SUR CETTE SECONDE ÉDITION

En publiant aujourd'hui une nouvelle édition des *Réformes nécessaires aux États musulmans*, par S. Exc. le général Khérédine, nous n'avons à recommander au public ni l'auteur de cette œuvre remarquable ni cette œuvre elle-même.

Lorsque ce travail parut pour la première fois, S. Exc. le général Khérédine avait déjà occupé de grandes situations dans son pays, la Tunisie, et il y exerçait encore une influence morale considérable. Aujourd'hui, il est le premier ministre du Bey.

Quant à l'étude, il nous suffira de dire que la première édition en est depuis longtemps épuisée. Elle a, en effet, vivement attiré l'attention de tous ceux qui se préoccupent du mouvement des institutions politiques et sociales en Orient. Par les vues qu'elle développe et les sentiments qui l'ont dictée, elle nous paraît avoir acquis, au milieu des incidents qui viennent de se produire, une opportunité nouvelle.

Ces pages élevées et généreuses offrent, d'ailleurs, un intérêt permanent. La condition générale de l'O-rient, ou, pour parler plus net, la civilisation musul-mane, est-elle inconciliable avec les principes de la justice, tels qu'ils sont compris et appliqués par les nations modernes? Ces principes étant la base de tout bon gouvernement, y a-t-il, sous ce rapport, contra-diction, antagonisme entre deux mondes que divisent les doctrines religieuses? Tel est le problème que s'est posé l'auteur. Pour le résoudre, il a d'abord dégagé ce qui est l'essence et le fondement de nos institutions occidentales, et il a reconnu que c'est le contrôle ou le conseil. Puis, interrogeant le Coran, et appelant en témoignage les plus illustres commentateurs de la loi musulmane, il a démontré que rien dans cette loi n'est opposé à ces mêmes principes, mais que c'est, au con-traire, leur application qui a été, pendant des siècles, pour les peuples de l'islam, une source si abondante de prospérité et de gloire.

On a rappelé fort justement, à ce propos, que, sous l'Empire, un ministre des affaires étrangères de France, qui avait une connaissance profonde des choses de l'O-rient, avait conseillé au général Khérédine d'établir ses tribunaux comme il l'entendrait, en y appelant les hommes qu'il croirait le plus dignes de sa confiance. On créerait ainsi, disait-il, une profitable émulation entre les tribunaux consulaires et les indigènes. Les parties préféreraient spontanément ceux où la justice serait le mieux rendue. Si donc le gouvernement de la Régence avait soin d'assurer cet avantage à ses tribu-naux tunisiens, il se trouverait avoir résolu en fait la question si délicate des capitulations.

C'est d'une politique semblable, à la fois pratique et soucieuse des droits de la justice, que s'est inspiré

S. Exc. le général Khérédine dans le grand ouvrage historique dont nous plaçons de nouveau l'introduction sous les yeux du public. Tout esprit attentif sortira de cette lecture convaincu de l'étendue des réformes que les États musulmans peuvent opérer sur eux-mêmes. Il leur suffit, pour trouver la solution des principales difficultés de leur gouvernement, de rentrer dans leurs véritables traditions et de remonter à leur propre loi.

Paris, le 1ᵉʳ septembre 1875.

RÉFORMES NÉCESSAIRES

AUX

ÉTATS MUSULMANS

ESSAI

Formant la première partie de l'ouvrage politique et statistique

INTITULÉ :

LA PLUS SURE DIRECTION POUR CONNAITRE L'ÉTAT DES NATIONS

PAR

LE GÉNÉRAL KHÉRÉDINE

ANCIEN MINISTRE DE LA MARINE A TUNIS, ET ANCIEN PRÉSIDENT
DU GRAND CONSEIL TUNISIEN.

Traduit de l'arabe sous la direction de l'auteur.

SAINT-OMER

TYP. ET LITH. H. D'HOMONT, RUE DES TRIBUNAUX, 4.

1875

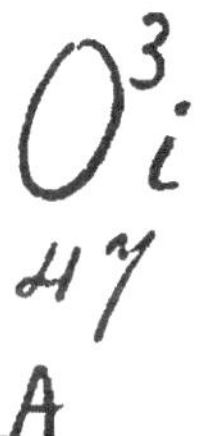

AVANT-PROPOS

Après avoir longuement médité, l'histoire à la main,
sur les causes du progrès et de la décadence des sociétés
anciennes et modernes, et m'être tenu autant que possible au courant de ce qui, chez nous et à l'étranger, a
été publié sur le passé des peuples musulmans ou préjugé
de leur avenir, d'après les données de l'expérience, j'ai
dû me convaincre des points suivants comme de vérités
qui ne sauraient être sérieusement contestées ni même
mises en doute par aucun musulman sensé. Au milieu du
mouvement général des esprits et dans l'état actuel des
nations rivalisant entre elles dans la recherche du bien
et du mieux, nous ne pouvons pertinemment apprécier
et recommander ce qu'il convient de faire chez nous sans
connaître ce qui se passe chez les autres, particulièrement

chez ceux qui sont autour et près de nous. De nos jours, avec la rapidité des communications et les moyens encore plus rapides de la transmission de la pensée, il faut considérer le monde par rapport aux nations comme un seul pays habité par des races différentes, en contact toujours plus fréquent entre elles, ayant des intérêts identiques à satisfaire, et concourant, quoique séparément, à l'avantage commun.

En partant de ces prémisses incontestables, tout bon musulman sincèrement convaincu que la loi islamique suffit constamment et partout à toutes les exigences du spirituel et du temporel, et sachant qu'une bonne réglementation des affaires civiles ne peut être qu'avantageuse aux intérêts religieux, doit reconnaître avec regret que la plupart de nos ulémas se montrent peu soucieux de connaître les affaires intérieures de leur pays. Cependant ils sont investis de la double mission de sauvegarder les intérêts spirituels et matériels de notre loi théocratique et de développer l'application successive de ces derniers par une interprétation intelligente et conforme aux besoins de l'époque. Ignorant complètement ce qui se passe chez les autres peuples, ils se trouvent par suite, sans qu'il soit besoin de le démontrer, dans l'impossibilité. de remplir convenablement leur mission temporelle.

Or, est-il admissible que ceux qui sont destinés à être les médecins de la nation ignorent la nature du mal, ou qu'ils ne mettent leur gloire à être initiés aux principes les plus élevés de la science que pour ne pas les appliquer ?

C'est avec non moins de regret qu'on doit aussi recon-

naître que, parmi les hommes d'État musulmans, il y en
a qui partagent réellement l'ignorance politique des ulémas, et d'autres qui l'affectent de parti pris, parce qu'ils
sont intéressés au maintien du despotisme.

Dans cet état de choses, j'ai pensé qu'en publiant le
résultat de mes longues et consciencieuses recherches et
des observations personnelles que j'ai été à même de faire
pendant le cours de plusieurs missions dont S. A. le Bey
m'a honoré auprès des gouvernements amis, je ferais un
travail de quelque utilité pour l'avenir de l'islamisme,
surtout si j'atteignais le but principal de mon ouvrage,
qui est de mettre nos ulémas en état de mieux remplir
leur rôle temporel et de ramener dans la bonne voie ceux
qui se trompent, hommes d'État ou simples particuliers.
Je me propose donc de faire entrevoir quelle devrait être
la marche de nos affaires à l'intérieur et à l'extérieur, en
fournissant aux uns et aux autres le moyen de connaitre
ce qu'il importe de savoir à présent sur l'état politico-
économique des nations européennes, particulièrement de
celles qui ont avec nous des relations plus fréquentes ou
plus intimes, et, en leur inspirant, enfin, le désir d'imiter
la louable persévérance des Européens à se procurer toute
sorte de renseignements sur l'état matériel et moral des
différents peuples du globe, ce qui, du reste, est rendu
plus facile aujourd'hui qu'autrefois, par la création de
nouvelles voies de communication qui ont raccourci les
distances et rapproché les limites des États.

A cet effet, j'ai résumé ce qu'il m'a été possible de re-
cueillir sur les nations européennes et sur leurs institu-

tions politico-administratives, et j'ai parlé de l'état où ces nations se trouvaient anciennement et des moyens qu'elles ont employés pour atteindre le haut degré de progrès et de prospérité dont elles jouissent maintenant. J'ai parlé aussi de l'ancienne société musulmane, à qui les historiens européens eux-mêmes reconnaissent la priorité dans les sciences, et dans les voies du progrès et de la prospérité nationale, au temps où notre loi politico-religieuse, savamment expliquée, était rigoureusement appliquée dans toutes les affaires publiques.

En indiquant les moyens employés en Europe, j'ai été naturellement amené à faire plus spécialement ressortir ceux qui, se trouvant conformes ou qui tout au moins n'étant pas contraires aux préceptes de notre loi théocratique, m'ont paru les plus propres à nous faire reconquérir ce que nous avons perdu et à nous tirer de notre état actuel, et j'ai ajouté enfin, comme complément de mon sujet, tout ce que j'ai cru pouvoir satisfaire le désir légitime du lecteur.

Mon ouvrage se compose d'une introduction et de deux livres, contenant chacun plusieurs chapitres, et je l'ai intitulé : *La plus sûre direction pour connaître l'état des nations.* L'amour du bien m'a poussé à entreprendre ce travail, peut-être au dessus de mes forces ; mais, en faveur de la bonne intention qui l'a dicté, je réclame l'indulgence du lecteur.

INTRODUCTION

Aprés ce que j'ai dit, d'une maniére générale, dans l'avant-propos, sur les origines et les tendances de cet ouvrage, je répéterai plus explicitement ici que Je l'ai écrit dans un double but, tout en visant un même résultat.

D'abord, je veux réveiller le patriotisme des ulémas et des hommes d'État musulmans, et les engager à s'entr'aider dans le choix intelligent des moyens les plus efficaces pour améliorer l'état de la nation islamique, accroitre et développer les éléments de sa civilisation, élargir le cercle des sciences et des connaissances, augmenter la richesse publique, par le développement de l'agriculture, du commerce et de l'industrie, et pour établir avant tout, comme base principale, un bon système de gouvernement d'où naisse la confiance, qui produit à son tour la persévérance dans les efforts et le perfectionnement graduel en toutes choses, tel, en un mot, que l'Europe le connait aujourd'hui.

En second lieu, j'ai écrit mon ouvrage pour détromper certains musulmans fourvoyés, qui, fermant les yeux sur tout ce qu'il y a de louable et de conforme aux enseignements de notre propre loi théocratique chez les peuples d'une religion différente de la nôtre, se croient, par suite d'un funeste préjugé, dans l'obligation de le dédaigner et de ne pas même en parler, et considèrent comme suspects ceux qui approuvent ce qu'il y a de bon comme système ou comme institutions chez les non-musulmans. C'est là, dans un sens absolu, la plus grande des erreurs; car, si ce qui vient du dehors est bon en soi et conforme à la raison, particulièrement s'il s'agit de choses ayant déjà existé chez nous et qui nous ont été empruntées, non-seulement il n'y a pas de raison pour le repousser et le négliger, mais, au contraire, il y a obligation de le recouvrer et d'en profiter.

Nous admettons que tout homme attaché à sa religion considère nécessairement comme égarés ceux qui suivent un culte différent; mais cela ne doit pas l'empêcher de les imiter en ce qu'il voit de bien chez eux quant aux affaires de ce monde. C'est justement ainsi que font les Européens. Ils ne cessent d'emprunter aux étrangers, sans distinction de race ni de religion, ce qui est bon en soi, et ils sont parvenus par cette conduite à faire arriver leurs affaires temporelles au degré de prospérité qui se voit aujourd'hui. Tout individu de bon sens doit donc, avant de s'opposer à une innovation, la peser avec impartialité et l'examiner avec les yeux perçants de l'intelligence, et s'il la trouve bonne, il doit l'adopter et l'appliquer, que son auteur soit croyant ou non; car ce ne sont pas les hommes qui font connaître la vérité, mais c'est la pratique de la vérité qui fait connaître les hommes. Du reste, c'est un des principes de notre croyance qu'il faut prendre la science où elle se trouve ; et nous rappelons à ce sujet que le khalife Ali a dit qu'il faut prendre les choses pour ce qu'elles valent, sans se préoccuper de leur origine.

Il a bien été permis aux premiers pères de l'islamisme d'emprunter aux Grecs, entre autres choses, la logique, dont notre grand jurisconsulte el Ghazzeli a dit : « Celui qui ne connaît pas la logique ne peut être reconnu ni suivi comme savant. » Qu'est-ce qui nous empêche donc aujourd'hui de prendre chez ceux qui sont étrangers à notre culte les connaissances dont nous ne saurions contester l'importance et la nécessité, pour nous garantir contre les éventualités de l'avenir et nous procurer des avantages réels ?

El Mouak, docteur du rite maléki, a dit : « Il ne nous
» a été défendu de suivre les autres qu'en ce qui est con-
» traire aux bases de notre loi ; mais, si ce qu'ils ont
» fait se trouve conforme à ce qu'elle conseille, prescrit
» ou permet, nous ne devons pas le rejeter à cause de
» son origine, car la religion ne défend pas d'imiter celui
» qui fait ce que Dieu a ordonné. »

Nous lisons en outre dans le commentaire du célèbre jurisconsulte Hanéfi Mohamed ben Abbydin : « Il n'est
» pas défendu d'imiter les étrangers, quand c'est pour
» le bien des créatures de Dieu. »

Cependant, si nous examinons la conduite de ces musulmans dédaigneux dont nous parlons, nous trouvons que, tout en refusant d'imiter les étrangers dans celles de leurs institutions qui peuvent être utiles, ils ne se refusent pas à eux-mêmes de consommer les produits venus du dehors, dans une proportion nuisible aux intérêts du pays et sans se préoccuper de la production nationale. Ce qui le prouve, c'est que leur habillement, leur ameublement, leurs armes, leur matériel de guerre et mille autres choses nécessaires à la vie ne viennent que de l'étranger. Il est facile de comprendre combien un pareil système de consommation est humiliant, combien il est contraire aux principes économiques et à l'intérêt politique. Il est humiliant, parce que le besoin de recourir à l'étranger pour presque tous les objets de première nécessité, démontre l'état arriéré des arts dans le pays; antiéconomique, parce qu'il favorise l'industrie étrangère au détriment de l'industrie nationale, qui ne peut se livrer à la transformation des produits indigènes, ce qui constitue une des principales sources de la richesse publique; enfin, il est surtout antipolitique, parce que la nécessité pour un État de recourir constamment à un autre est un obstacle à son indépendance et une cause de faiblesse. Un semblable état de choses est particulièrement dangereux si cette nécessité a rapport aux armes et au matériel de guerre; car si on peut en acheter en temps de paix, de gré à gré chez l'étranger, il est impossible de se les procurer de la même source en temps de guerre, à n'importe quel prix. Nous ne possédons, dans notre état actuel, comme produits, que des matières premières. Chez nous, en effet, l'éleveur du bétail, le cultivateur du coton, et le sériciculteur, passent toute l'année dans des travaux pénibles, et ils finissent par vendre à bas prix leurs produits bruts aux Européens, qui, dans un court délai, les leur revendent à un prix dix fois plus élevé, après les avoir transformés par leur industrie.

Cela n'a d'autre cause que la supériorité et les progrès de l'Européen dans les connaissances dont le développement est favorisé par des institutions politiques basées sur la justice et la liberté. Nous disons donc à nos contradicteurs égarés : Comment peut-il être permis à un homme de bon sens de se priver de ce qui est bon et utile par des raisons purement chimériques ? Comment peut-il, sur un simple scrupule, sans fondement sérieux, renoncer si facilement à ce qui intéresse sa propre existence? A l'appui de notre thèse, rappelons ici ce qu'enseignent les auteurs européens dans leurs ouvrages sur la politique de la guerre, savoir, que les États qui n'imitent pas leurs voisins dans le perfectionnement des armes et du système militaire, finissent tôt ou tard par devenir la conquête de ces mêmes voisins.

Ces écrivains n'ont cité naturellement que des exemples militaires, parce qu'ils traitaient ce sujet spécialement; mais nous en concluons que la nécessité d'imiter et de s'assimiler ce qui se fait en mieux chez les voisins, ne doit pas se borner aux choses militaires; elle s'étend à tout ce qui peut favoriser le progrès et le bien-être de la nation.

Ce qui doit rendre encore plus précieux pour nous l'enseignement de ces écrivains militaires, c'est qu'il est conforme aux instructions données par le khalife Abou Baker à son général Khaled-ben-Oulid, chargé du commandement d'une armée : « Je vous recommande, lui » dit-il, la crainte de Dieu, le soin de vos subordonnés » et les plus grandes précautions lorsque vous serez sur » les terres de l'ennemi. Si vous rencontrez son armée, » combattez-la avec les mêmes armes dont elle se ser- » vira; opposez l'arc à l'arc, la lance à la lance, le sabre » au sabre. » Si c'était aujourd'hui, il aurait mentionné sans aucun doute les canons rayés, les fusils à aiguille, et, au besoin, les navires cuirassés. Car la défense nationale est ordonnée par la loi, et parmi les devoirs qu'elle impose se trouve celui de connaître la position, la force et les moyens de l'ennemi, afin de pouvoir égaliser les chances et le combattre avec succès. Or, pourrait-on, de nos jours, exécuter tout cela, sans être à la hauteur du progrès actuel? Pourrait-on arriver à cette hauteur sans des institutions dans le genre de celles que nous voyons ailleurs, institutions appuyées sur la justice et la liberté, base fondamentale de notre loi théocratique?

Comme notre but ne peut être atteint qu'en faisant connaître l'état actuel politico-économique des nations européennes, nous nous empresserons de remplir cette partie de notre tâche, en faisant ressortir successivement les avantages que peut en retirer la société musulmane. Disons d'abord que leur état social actuel n'est pas un héritage fort ancien : après l'invasion des barbares et la chute de l'empire romain en 476, l'Europe s'étant trouvée dans la plus déplorable condition, à cause de l'ignorance et de la conduite arbitraire des gouvernants, commença à rétrograder, ce qui est beaucoup plus facile que d'avancer; elle demeura sous le despotisme des rois et des seigneurs jusqu'en 768, date de l'avénement de l'empereur Charlemagne, qui fit des efforts extraordinaires pour favoriser les sciences et le développement des connaissances utiles; et, à la mort de cet empereur, elle retomba dans les ténèbres de l'ignorance et sous le despotisme de ses chefs, ainsi que nous le verrons plus tard.

C'est une erreur de croire que si les Européens sont parvenus à la prospérité dont ils jouissent aujourd'hui, c'est simplement à cause de la fertilité de leur sol et de la bonté de leur climat, car il existe des terres et des climats meilleurs. Il ne faut pas croire non plus que cette prospérité soit le résultat direct des principes de leur religion; car, bien qu'elle recommande la pratique de la justice et de l'égalité, nous savons que leurs institutions

politiques n'ont pas, comme les nôtres, une origine théocratique. Jésus-Christ a défendu aux Apôtres de s'immiscer dans les affaires temporelles. Il a dit, comme on
le sait, que son royaume n'était pas de ce monde. Et, en
effet, l'empire de sa religion ne regarde que les âmes.
Au surplus, on peut trouver une preuve de ce que nous
avançons dans le désordre qui a régné dans les États du
Pape, chef de la religion chrétienne, désordre qui a pour
cause le refus d'adopter des institutions politiques conformes à celles des autres États de l'Europe, et pour conséquence la dépossession temporelle de ce souverain.

Mais il faut en convenir, les Européens ne sont parvenus à jouir de la prospérité dont nous parlons que par
leurs progrès dans les sciences et les arts. Ils en ont été
redevables à leurs institutions, qui facilitent la circulation
de la richesse publique, et font jaillir les trésors de la
terre, par une protection éclairée constamment accordée
à l'agriculture, à l'industrie et au commerce. Ce sont les
conséquences naturelles de la justice et de la liberté,
deux choses qui sont devenues pour eux une seconde
nature. Du reste, c'est la loi de la Providence que la
justice, la bonne administration et les bonnes institutions
politiques sont des causes d'augmentation de la richesse,
de la population et du bien-être général, et que l'état
contraire amène la décadence en toutes choses. Notre
loi, nos historiens musulmans et les autres nous démon-
trent cette vérité. Notre prophète (que le salut soit sur
lui!) a dit : « La justice est la gloire de la foi : le sou-
» verain y trouve sa grandeur, et la nation sa force. »
C'est d'elle aussi que résultent la sécurité et le bien-être
des administrés.

Dans l'ouvrage intitulé : *Avertissement aux souverains,* on lit que le souverain doit posséder mille belles

qualités, toutes comprises dans deux principales qui font de lui un prince juste et accompli : c'est d'assurer la prospérité du pays et la sécurité des habitants.

Celui qui a lu le troisième chapitre du premier livre de Ben-Khaldoun a pu voir des preuves palpables que l'injustice et l'arbitraire sont la cause de la ruine des États, qu'elle qu'ait été leur condition précédente. C'est du reste une conséquence de la nature humaine que, si on laisse au souverain une liberté complète d'action, l'arbitraire régnera bientôt sous toutes ses formes. Il en est ainsi encore aujourd'hui dans quelques États musulmans, et cela s'est vu dans les États de l'Europe aux siècles dont nous avons parlé, quand les souverains régnaient en maîtres absolus sur les créatures de Dieu, sans être contenus par aucune institution, ni purement politique, puisqu'il n'en existait pas à cette époque, ni même politico-religieuse, car la loi du Messie, qui a recommandé de préférence la vie contemplative et l'éloignement du monde, n'a pas réglé le gouvernement des peuples au point de vue temporel. Or, certains États européens ne sont arrivés à une ruine presque complète, et ne se sont trouvés en danger de perdre leur indépendance qu'à cause de la mauvaise administration de leurs gouvernants, triste effet de la liberté de tout faire laissée au souverain, tandis que les États musulmans, leurs voisins, étaient gouvernés d'une manière parfaite, à cause de la conformité des actes de leurs chefs avec la loi théocratique, dont il n'est pas hors de propos de rappeler les principales dispositions. Elle défend à tout individu d'agir capricieusement, d'après ses seuls penchants personnels; elle ordonne de protéger les droits des particuliers, qu'ils soient musulmans ou non; elle recommande l'adoption de moyens et de remèdes appropriés aux temps et aux circonstances; elle impose l'obligation de commencer par empêcher le mal avant même de s'occuper du bien; et, de deux maux dont l'alternative est inévitable, elle ordonne de préférer le moindre. Une des plus importantes prescriptions de cette même loi, au point de vue politique, est l'obligation de prendre conseil avant d'agir, obligation imposée par Dieu à son prophète impeccable, quoi qu'il n'eût, comme tel, besoin de consulter personne, puisqu'il agissait sous l'inspiration divine et qu'il était doué de toutes les perfections. Mais cette prescription lui a été adressée pour une haute raison, afin d'établir une règle obligatoire pour tous les chefs qui viendraient après lui.

Ebn-el-Arabi a dit : « L'obligation de prendre conseil » est une base de la loi et une règle à observer par » tous, sans distinction ni exception, depuis le Prophète » jusqu'au dernier des hommes. » Le khalife Ali a dit aussi : « Pas de conseil, pas de sagesse. » Une autre disposition, extrêmement importante, qui constitue en même temps l'un des principes fondamentaux de la loi, c'est l'obligation de s'opposer au mal par tous les moyens légaux. C'est un devoir imposé formellement à tout musulman majeur et jouissant de toutes ses facultés intellectuelles. De cette disposition capitale, résultent la légitimité et la nécessité parmi nous du contrôle des actes publics. Justement, à propos de contrôle, el Ghazzéli, surnommé *la preuve de l'islamime*, a dit en parlant des anciens chefs musulmans : « Les khalifes et les souve- » rains musulmans aimaient à voir discuter leurs actes, » même lorsqu'ils étaient en chaire. » Amour ben Khattab étant un jour monté en chaire, adressa au peuple ces paroles : « Vous tous qui m'écoutez, si vous apercevez » des écarts dans mon administration, veuillez les re-

» dresser. » Et aussitôt quelqu'un des assistants lui répondit : « En vérité, en vérité, si nous vous avions » vu commettre des écarts, nous les aurions redressés » avec nos sabres. » Et le khalife, bien loin de se fâcher, reprit : « Béni soit Dieu qui a permis qu'on trouve parmi » nous des hommes capables de redresser au besoin avec » leurs sabres les écarts d'Amour. » Ce khalife était un ami de la justice et un défenseur sévère de la religion et de la dignité souveraine. S'il n'avait pas reconnu que ce langage énergique et sans aucun ménagement était conforme aux prescriptions de la loi, il est incontestable qu'il n'en aurait pas rendu grâces à Dieu, mais qu'il aurait, au contraire, relevé l'expression et confondu l'interlocuteur.

El Ghazzéli, que nous avons déjà cité, commentant les préceptes relatifs au contrôle dans son ouvrage intitulé : *De l'accomplissement du bien et de l'empêchement du mal,* rapporte que Maouhia ayant mis du retard à opérer quelques versements pour le compte de l'État, Abou Meslem el Khaulani l'interpella publiquement à ce sujet, pendant qu'il était en chaire, en disant : « L'argent de » l'État n'est le patrimoine ni de vous, ni de votre père, » ni de votre mère », et que Maouhia répondit résolûment après réflexion : « Meslem a raison, cela n'appar-» tient en propre ni à moi, ni à mon père, ni à ma » mère ; venez tous prendre ce qui vous est dû. »

Je conclus de là que, sans cette opposition raisonnée dont nous venons de citer des exemples, et qui est le contrôle en action, il ne saurait y avoir de véritable gouvernement parmi les hommes. L'existence d'un pouvoir dirigeant est sans contredit une condition indispensable à la vie de toute société humaine ; mais si l'on permettait au chef investi de ce pouvoir de faire ce qu'il veut et de

commander comme il l'entend, la nécessité sociale, qui
légitime l'existence du pouvoir, n'aurait plus de raison
d'être, et les désordres publics deviendraient l'état nor-
mal de la société.

Il faut donc que tout chef dirigeant subisse lui-même
une direction salutaire, résultant d'une loi, soit théocratique, soit purement politique; et comme toute loi, si
elle n'est pas respectée, est nécessairement exposée à
périr, il en résulte l'obligation directe, pour les hommes
sensés et éclairés de la nation, de s'opposer à toute violation de la loi, qui est la modératrice suprême. Or, les
citoyens, à qui la loi musulmane impose cette obligation,
sont appelés à remplir parmi nous le même rôle que les
chambres représentatives et la presse en Europe, et, si
ce devoir était bien compris, les souverains musulmans
seraient obligés de compter avec eux, comme la plupart
des souverains de l'Europe sont obligés de compter avec
les représentants de la nation et avec l'opinion publique
de leur pays. Les uns et les autres ont, en effet, le même
but; c'est de contrôler les actes du gouvernement et de
le ramener dans le droit chemin si jamais il s'en écarte,
quoique les moyens pratiques à employer puissent et
doivent nécessairement différer.

Ce que nous venons d'avancer est confirmé par ben
Khaldoun, dans son introduction au titre *Du Souverain*.
Voici quelle est, en résumé, la doctrine de cet auteur.
L'existence du pouvoir souverain est basée sur une nécessité sociale, c'est-à-dire sur la garantie réciproque de
chaque membre composant la nation contre l'arbitraire
et l'abus de la force individuelle, qui sont des imperfections de la nature humaine. Précisément à cause de ces
imperfections, et comme les souverains, au lieu d'agir
selon la justice, n'ont souvent commandé que d'après

2

leurs caprices, et ont accablé les peuples de charges écrasantes, il en est résulté pour ceux-ci une autre né-cessité, celle de se coaliser, pour se défendre contre les désordres qu'il s'agissait d'éviter à la société par l'éta-blissement du pouvoir, désordres résultant du despotisme des chefs. De là, pour les peuples, la nécessité de revenir à des institutions politiques indispensables, admises par la nation et ayant force de loi, comme cela s'est pratiqué chez les Persans et ailleurs. Tout gouvernement qui ne suivrait pas une pareille voie et ne serait pas organisé de la sorte, ne saurait aboutir à rien de bon, ni main-tenir son indépendance. Ben Khaldoun ajoute enfin que si de pareilles institutions n'ont eu pour auteurs que les grands et les hommes distingués de la nation, elles s'ap-pellent rationnelles et purement politiques, tandis que si elles viennent d'en haut et qu'elles aient la sanction reli-gieuse, elles s'appellent théocratiques, et sont utiles pour ce monde et pour l'autre.

Il est évident que leurs effets salutaires ne peuvent se produire et durer qu'autant que les institutions elles-mêmes sont scrupuleusement respectées, et qu'on est prêt à défendre leur inviolabilité par tous les moyens légaux, comme nous en fait un devoir le précepte déjà énoncé de faire le bien et d'empêcher le mal.

Nous ne nions pas qu'on ne puisse rencontrer un prince doué de toutes les qualités nécessaires pour gou-verner sans contrôle de la manière la plus sage. L'exis-tence d'un tel prince étant admise, son impartialité et son amour du bien le porteraient naturellement à s'en-tourer des hommes les plus éminents de son pays, et à choisir parmi eux des ministres capables, pour l'aider de leur concours loyal dans l'administration, et de leurs sages conseils dans les questions difficiles et délicates concernant l'intérêt et le salut de l'État. Mais un pareil prodige, très-rare assurément, ne saurait entrer en ligne de compte, parce qu'il dépend du concours de plusieurs qualités essentielles qui ne peuvent que difficilement se trouver réunies d'une manière durable dans un seul homme, et qui, d'ailleurs, finiraient toujours avec lui.

Il est donc évident, et c'est pour nous une profonde conviction, que le contrôle pondéré, fondé sur des institutions en rapport avec l'état de la nation, présente la meilleure et la plus sûre garantie pour l'existence et la durée d'un bon gouvernement. A l'appui de notre raisonnement, nous ajouterons que les souverains sont sujets, eux aussi, aux faiblesses de la nature humaine, et que tout souverain se trouve nécessairement dans l'une des trois conditions suivantes : soit qu'il ait la capacité voulue pour commander à soi et aux autres ; soit qu'ayant cette capacité, il ne soit pas assez maître de ses passions ; ou bien qu'il n'ait ni capacité ni énergie.

Il n'est pas besoin de démontrer que le concours de la nation, la responsabilité ministérielle, l'existence du contrôle enfin, ne sauraient aucunement empêcher le souverain, dans le premier cas, d'appliquer en fait le bien qu'il désire, puisque, au contraire, il trouverait dans les hommes chargés de contrôler ses actes une aide puissante par le concours unanime de leur intelligence unie à la sienne pour faciliter la mise en pratique de toute mesure salutaire due à son initiative. Tout alors concourrait, en outre, à assurer la transmission successive du pouvoir souverain parmi les membres de sa famille, quand même ils seraient à classer dans le second ou dans le troisième ordre ; car, dans ces deux cas, le contrôle devenant indispensable, garantirait complétement la nation contre les caprices ou l'incapacité du chef. L'organisation d'un contrôle sérieux est donc le seul moyen de salut pour tout gouvernement; elle en assure l'existence et la durée, quand même le chef dirigeant serait esclave de ses passions ou d'intelligence bornée.

Le traducteur de Stuart Mill, M. Dupont Withe, fait remarquer que l'Angleterre n'a traversé les phases les plus difficiles de son histoire et n'a donné les plus grandes preuves de sa force et de sa grandeur que sous le règne de Georges III, qui était fou.

Évidemment, il n'a pu en être ainsi en Angleterre, malgré la folie du souverain, qu'à cause de l'intervention de la nation dans les affaires publiques par l'intermédiaire de ses représentants et par suite de l'existence du contrôle et de la responsabilité des ministres ou conseillers de la couronne devant le Parlement.

Quelques gens de faible intelligence prétendent chez nous que la capacité supérieure et reconnue d'un ministre dirigeant rend le contrôle inutile, et qu'elle suffit pour parer aux inconvénients d'un gouvernement qui aurait pour chef un souverain de la seconde catégorie ou de la troisième : ce qui est une erreur manifeste. Et d'abord ce que nous avons avancé au sujet des souverains, quant aux imperfections de la nature humaine, s'applique aussi aux ministres. Le choix des ministres appartenant d'ailleurs exclusivement au souverain, peut-on espérer qu'il prendra pour ministre dirigeant un homme capable de s'opposer à ses volontés?

Si nous admettons le cas où le ministre choisi sera d'une capacité et d'une supériorité incontestables, il faut admettre aussi que ce ministre, malgré toutes ces qualités éminentes, ayant affaire à un souverain esclave de ses passions et de ses caprices, se trouverait nécessairement dans l'une des positions que nous allons indiquer. En effet, ou il est disposé à favoriser les désirs du souverain et de son entourage pour se maintenir au pouvoir, et, dans ce cas, le malheur et la ruine de l'État sont inévitables ; ou bien, ayant le courage de ne pas transiger avec son devoir, il ordonne à ses subalternes de faire ce qu'il croit nécessaire au bien du pays ; et alors, sur quoi se basera-t-il ; d'où lui viendra le droit ; quelle raison pourra-t-il donner de son opposition aux volontés du souverain, particulièrement en l'absence de toute institution qui puisse le garantir contre le ressentiment du chef et contre les intrigues des courtisans? Car il faut bien que le ministre compte, et compte sérieusement avec ces derniers, qui, redoutant avec raison de voir, par suite de la sagesse des mesures recommandées par le ministre, amoindrir leur influence et tarir la source de leurs gains illicites, se coaliseront pour entraver sa marche et lui nuire par tous les moyens possibles.

Ils commenceront par faire en sorte que ses ordres ne soient pas exécutés ou ne le soient qu'imparfaitement, ou que tout au moins l'exécution en soit retardée, pour faire perdre l'à-propos aux mesures décrétées, et par là en discréditer l'auteur. Ils garderont le silence le plus absolu sur la plupart de ses bonnes qualités, et feront grand bruit de la moindre de ses fautes, la grossissant outre mesure, afin de lui aliéner les cœurs.

A propos de cette tactique, rappelons la prière du khalife Ali disant : « O Dieu! protége-moi contre un » ennemi qui m'observe sans cesse, et qui, s'il voit en » moi une bonne qualité, la cache, et s'il y découvre un » défaut le proclame hautement. »

Mais admettons que le ministre, par sa longanimité et son habileté, parvienne à déjouer les intrigues de ses

adversaires intéressés. Ceux-ci, devenant alors des enne-
mis acharnés, n'épargneront rien pour lui nuire direc-
tement et s'en débarrasser une fois pour toutes. Ils le
noirciront aux yeux du souverain déjà irrité et jaloux. Ils
diront que le ministre est devenu le souverain de fait, et
que lui, le véritable souverain, n'a qu'une souveraineté
nominale; et, suivant le système commode de la calomnie,
ils lanceront contre leur adversaire toute sorte d'insinuations perfides, qui ne sauraient manquer de produire
leur effet sur un esprit faible et prévenu. C'est précisément ce qui se voit, et malheureusement trop souvent,
dans les gouvernements orientaux.

Dans de telles conditions, comment un ministre, si
capable qu'il soit, pourrait-il faire marcher l'administration d'une manière avantageuse au pays, dès qu'il se
trouve en opposition avec celui qui est en même temps
juge et partie? En présence des obstacles et des dangers
que nous venons d'indiquer, le ministre qui aurait commencé par tenir tête à l'orage, animé par le désir du
bien, se trouverait réduit à l'une de ces extrémités. Il
consentirait à désavouer sa politique et à devenir l'in-
strument servile des caprices du souverain et le complice
de son entourage, ce qui serait déjà un grand mal, et ne
sauverait ni l'État, ni le souverain, ni le ministre lui-
même, car le plaisir momentané de favoriser ou de satisfaire des désirs personnels est de beaucoup dépassé par
l'amertume du repentir qui le suit; ou bien il devrait
se retirer tout à fait de la vie politique, sinon pour garantir sa personne, du moins pour échapper à l'animad-
version publique qui le poursuivrait s'il participait
sciemment à la ruine de l'État; car pour le bien de la
nation l'on peut et on doit risquer sa vie, mais jamais son
honneur.

La fidélité au souverain et l'amour de la patrie se manifestent, en effet, par les efforts les plus énergiques pour défendre leurs véritables intérêts et s'opposer à tout ce qui peut y porter atteinte. Mais, si l'on est impuissant à le faire, il faut du moins refuser à participer, de quelque manière que ce soit, à ce qui pourrait avoir des conséquences funestes pour l'État ou le Prince. Toute conduite différente serait une véritable trahison, malgré la satisfaction momentanée qu'elle pourrait procurer.

Il résulte de tout ce qui précède que le bonheur ou le malheur des États qui n'ont pas d'institutions politiques confiées à la garde de corps constitués, dépend entièrement du caractère et des qualités personnelles du souverain. La preuve nous en est fournie par l'état des nations européennes dans les siècles passés, avant l'introduction du système constitutionnel. Il y a bien eu, à différentes époques, des ministres qui ont légué leur nom à la postérité ; mais l'histoire nous apprend qu'ils n'ont pas pu empêcher le mal résultant du despotisme sous les deux formes que nous avons précédemment exprimées.

Il ne faudrait pas croire pourtant que nous ne voyions de salut pour l'État, dans les moyens dont nous venons de parler, qu'aux dépens du prestige de la souveraineté, puisqu'il n'est permis à aucun bon musulman de supposer que l'intervention de la nation, par l'entremise de ses représentauts, porte atteinte à la plénitude du pouvoir souverain. Si une pareille appréhension pouvait exister dans quelques esprits par trop timorés, elle serait facilement écartée par l'examen de notre jurisprudence dans la partie où elle traite des principes généraux de la politique, basée sur les préceptes de la religion.

En effet, tous les auteurs qui ont écrit sur cette partie

politico-religieuse de notre jurisprudence, sont unanimes dans leur interprétation, qui a force de loi. Ils soutiennent que la délégation même de la plus grande partie des pouvoirs souverains n'est pas une limitation de la souveraineté, mais qu'elle constitue, au contraire, un des droits souverains admis par la religion.

El Maouardi, l'un des plus célèbres jurisconsultes déjà cités, soutenant la légitimité de la nomination d'un ministre par le souverain, comme son *alter ego,* rapporte à l'appui le passage du Coran dans lequel Moïse dit, en s'adressant au Seigneur : « ..... Donne-moi un conseil- » ler de ma famille ; que ce soit mon frère Aaron ; qu'il » fortifie ma faiblesse et qu'il partage mes fonctions. » Et il en conclut que, si la faculté pour le souverain de déléguer son pouvoir ou d'y associer quelqu'un a été admise par la religion sous le gouvernement d'un prophète, à plus forte raison doit-elle être admise sous le gouvernement de souverains qui n'ont pas de mission divine.

Nous disons à notre tour que, s'il est admis que la délégation même de la plupart des pouvoirs souverains à un ministre ne constitue ni une limitation, ni une atteinte à la souveraineté, on doit encore moins voir cette limitation et cette atteinte dans la participation des délégués de la nation au gouvernement du pays et dans le contrôle exercé par eux.

Ajoutons que le fameux imam Saad-el-Din-Teftezéni, se fondant sur les traditions de l'islamisme, admet la légitimité du concours de plusieurs personnes dans l'exercice du pouvoir souverain, tout en soutenant l'incompatibilité et l'illégalité de l'existence de plusieurs souverains indépendants dans le même État, à cause des graves inconvénients qui en résulteraient pour la marche régulière de l'administration et pour le bien public.

En effet, cet éminent jurisconsulte parlant de l'imamat
(souveraineté) dans son ouvrage intitulé : *Explication
des convictions,* s'exprime ainsi :

« Ce qui n'est pas admis par la loi, c'est la coexis-
» tence de deux souverains complétement indépendants
» l'un de l'autre, et devant être personnellement obéis
» par la nation; et cette inadmissibilité est basée sur
» l'opposition de leurs vues personnelles et de leur com-
» mandement, d'où il résulterait le bouleversement de
» l'État. Mais l'exercice collectif du pouvoir souverain
» par plusieurs individus n'a rien de contraire à son
» unité, puisque les membres délibérant et agissant col-
» lectivement ne représentent et ne constituent en réalité
» qu'un seul pouvoir dirigeant. »

On voit par là que, quel que soit le nombre des individus exerçant le pouvoir souverain, il ne s'oppose ni
ne nuit à son unité qui est basée sur l'identité de direction et de commandement. Et il ne faut pas oublier que
Saad a été constamment suivi dans sa doctrine politique
par ses plus célèbres commentateurs, tels que El Khayali,
Aïsam ed Din et Abd-el-Aquïm. De tout ce qui précède
découle donc, *a fortiori,* la légitimité de l'intervention
de la nation dans le sens et les limites dont nous avons
parlé. Car cette intervention ne va pas jusqu'à prétendre
que la nation soit consultée sur tous les détails de l'administration, et qu'elle exerce cette partie de la souveraineté qui appartient exclusivement au pouvoir exécutif.
Le concours de la nation délibérant dans le sens par nous
indiqué, n'apporte, d'ailleurs, aucun empêchement à
l'exercice du pouvoir souverain; car le résultat pratique
de la délibération en commun est le même que si la décision venait d'un seul, d'autant plus que le pouvoir exécutif dispose seul de la sanction légale à donner aux

décisions prises en conseil ou après délibération ce que la loi fondamentale de l'État lui réserve, en outre, une complète liberté d'action pour tout ce qui concerne la direction générale des affaires intérieures et extérieures.

Il convient de rappeler ici ce que, dans son histoire du Consulat et de l'Empire, a dit M. Thiers, présentement député à l'Assemblée nationale, ancien premier ministre sous le roi Louis-Philippe et qui a été porté à la tête du pouvoir après les événements de 1870. Il déclare que le gouvernement d'un seul est toujours dangereux, quelle que soit la supériorité du chef. Après avoir peint en détail Napoléon Ier, après l'avoir classé parmi les illustrations qui ont donné leur nom à leur siècle, et « l'avoir comparé aux grands hommes de l'histoire, quant « à l'ensemble de leurs qualités et de leurs destinées, » l'éminent écrivain termine son ouvrage, qui est le plus beau monument historique de notre époque, par les réflexions suivantes : « Pour nous, Français, etc., etc. »

L'auteur traduit ici en entier cette remarquable conclusion.

En méditant les paroles de cet homme d'État et la critique sévère qui en résulte contre le gouvernement d'un seul, quoiqu'il ait parlé d'un homme dont la supériorité est admise sans conteste, on s'expliquera facilement l'existence de ce sentiment ardent, tellement enraciné dans le cœur de la plupart des nations européennes qu'il est devenu en quelque sorte pour elles une seconde nature, et qui est l'amour de la liberté et la haine du despotisme.

Cette opinion est, du reste, conforme à la tradition rapportée par Meslem et recueillie par Mestour, dans une conversation qui eut lieu chez Amrou-ben-el-Aas. Meslem raconte donc qu'un des interlocuteurs s'étant exprimé

ainsi : « J'ai entendu dire au Prophète : L'heure der-
» nière viendra et les Occidentaux seront les plus nom-
» breux parmi les nations. » Amrou lui demanda :
« Vous êtes-vous bien rendu compte de ce que vous
» dites? » et que l'interloculeur ayant répondu : « Je
» n'ai fait que répéter ce que j'ai entendu dire au Pro-
» phète, » Amrou reprit : « Puisque vous avez rappelé
» ces paroles du Prophète, je vous dirai, à mon tour,
» que cela aura lieu, parce qu'on trouve en eux quatre
» qualités principales : ils sont très-généreux dans les
» combats, très-prompts à recommencer la lutte après
» un revers, très-persévérants dans la défense, très-
» bienfaisants envers les faibles, les orphelins et les mal-
» heureux, et ils en ont une cinquième plus belle encore,
» qui est leur haine pour le despotisme des souverains. »

Disons maintenant à quel degré de richesse et de puissance est parvenue la société islamique, lorsque les
principes salutaires que nous avons mentionnés en partie étaient scrupuleusement respectés, et que, sous des
chefs vigilants se trouvait en vigueur une sage administration, basée sur la loi théocratique, et conforme aux
prescriptions de la justice.

Ce n'est, en effet, que par une pareille conduite que
peut s'affirmer et se populariser la politique, et qu'il
devient utile de la connaître. Les opinions se forment
alors dans le sens de l'état social tel que Dieu l'a voulu,
et auquel il a donné, comme moyen de salut, une ba-
lance infaillible, qui est la justice ; car c'est sur elle que
le créateur a assis son œuvre, ce n'est que par elle que
peut se réaliser le bonheur de ses créatures, et sa béné-
diction est assurée à quiconque aura travaillé sincèrement à le produire.

L'auteur de l'ouvrage intitulé : *Les opinions dévoi-*

lées, rapporte ces paroles de quelques savants : « Si les hommes savaient au juste combien est agréable à Dieu la vivification, la fertilisation de sa terre, on ne trouverait pas sur toute sa surface une seule parcelle en ruine. » . . . .

Quant à la richesse de l'empire islamique à l'époque dont nous parlons, l'historien Makrisi rapporte ce qui suit :

Le khalife El Mamoun, faisant une tournée en Egypte, avait l'habitude de séjourner vingt-quatre heures danschaque ville, mais ayant passé, sans s'y arrêter, devant un village nommé Taa-el-Némel, il fut prié instamment d'y revenir, pour recevoir l'hospitalité d'une vieille cophte qui faisait partie des notables de la localité. Le khalife consentit, et elle pourvut somptueusement à son entretien et à celui de sa nombreuse escorte. Au moment du départ, elle lui fit présent de dix bourses remplies de pièces d'or, toutes au même millésime. Le khalife étonné, s'écria : « Qui sait si le trésor public pourrait nous montrer autant de pièces de monnaie portant la même date que celles-ci ? » et il pria cette femme de reprendre son or, voulant lu[i] épargner un trop grand sacrifice ; mais elle s'y refusa obstinément, et ayant ramassé de la terre dans sa main, elle dit au khalife : « Celui-là, elle indiquait l'or, — m'a été rapporté par celle-ci, et par votre justice, ô commandeur des croyants ; et j'en ai encore beaucoup chez moi. » Le khalife finit par accepter, et, après l'avoir récompensée en augmentant largement ses possessions, il partit, tout émerveillé de tant de richesse privée. C'était une preuve évidente de la prospérité dupays.

Le même historien rapporte encore que la capitation

en Egypte, sous le gouvernement des premiers khalifes, monta à 14 millions de dinars en or ; ce qui ferait
aujourd'hui à peu près 700 millions de francs. Or, cette
somme n'était qu'une partie du revenu d'une seule
province, et la perception, bien loin d'être arbitraire,
se faisait alors de la manière la plus équitable.

Ebn Khaldoun raconte aussi dans ses prolégomènes
que les métaux précieux apportés au trésor, sous le
gouvernement de Reschid-el-Abbessi, s'élevèrent à
7,500 quintaux d'or ; soit environ un milliard quatre
cent mille francs en monnaie actuelle.

Les conquêtes extraordinaires des musulmans, rela-
tées par nos historiens et par les écrivains étrangers, et
les traces frappantes qu'elles ont laissées, attestent la
grandeur de la puissance islamique, fondée sur la justice de la loi et sur l'union de la nation.

On lit, à ce sujet, dans l'histoire du moyen âge, tra-
duite du français, par Seid Ahmed Zarabi, égyptien,
que l'islamisme a conquis en quatre-vingts ans plus
de pays que n'en avaient conquis les Romains pendant
huit siècles.

Il est donc impossible à tout homme impartial de ne
pas reconnaître ce qu'il y eut alors, dans la société musulmane, de prospérité, de richesse et de puissance
militaire, découlant de la justice et de la concorde, qui
sont la force des royaumes, de l'intégrité des magistrats dans l'administration publique, de la protection
accordée aux lettres, aux arts et aux sciences, toutes
choses que les Européens nous ont presque toujours
empruntées, et dans lesquelles leurs historiens impartiaux reconnaissent, comme nous l'avons déjà observé,
la priorité à la société musulmane.

Nous lisons, à ce sujet, dans un livre destiné à

l'instruction de la jeunesse, intitulé : *Histoire de France et du moyen âge du Ve au XIVe siècle*, par M. Duruy, ancien ministre de l'instruction publique en France : « Tandis que l'Europe, etc... »

L'auteur traduit et cite textuellement tout le passage relatif à la civilisation des Arabes, pages 200 à 204. Il ajoute ensuite la traduction de la préface et de plusieurs passages de l'histoire des Arabes par M. Sédillot, puis il continue en ces termes :

Après cette période de splendeur, l'empire musulman commença à tomber en décadence, et il se divisa en trois royaumes : celui des Abassides, à Bagdad; celui des Fatimides, en Egypte et en Afrique, et celui des Ommiades, en Espagne. Survinrent ensuite d'autres guerres civiles, et ces royaumes eux-mêmes subirent des démembrements, particulièrement celui d'Espagne, dont chaque province, ou à peu près chacune d'elles, devint une principauté indépendante.

La cause de ces démembrements se trouve dans la jalousie réciproque et la rivalité des chefs, aidés dans leurs tentatives d'indépendance par des esprits remuants et ambitieux. Ni les uns ni les autres n'avaient calculé le danger commun résultant de ces divisions, qui amenèrent la chute de la domination musulmane en Espagne. Dans les autres royaumes, on vit tant de désordres que leur ruine aurait été complète si la Providence n'avait suscité les sultans de la famille ottomane, qui réunirent la plupart des pays musulmans sous leur glorieuse souveraineté, fondée l'an 699 de l'hégire.

Alors l'empire musulman recouvra son ancien éclat, grâce à leur bonne administration, à leur sage politique, à leur respect pour la loi et à leur vigilance à sauvegarder les droits des sujets. Leurs conquêtes surprenantes ne peuvent être comparées qu'à celles des premiers khalifes, et ils accomplirent la marche rapide dans la voie du progrès, particulièrement sous le règne de Soliman, fils du sultan Sélim, au xe siècle de l'hégire. Ce prince s'empressa de conjurer les dangers à venir par la promulgation de son code politique, code d'une incontestable utilité, qu'il jura le premier, avec tous les grands de l'empire, d'observer et de faire observer, et pour la confection duquel il s'aida du concours des hommes les plus éclairés et les plus expérimentés de ses États. Voici les principales dispositions de ce code :

L'administration de l'empire est placée sous la sauvegarde des ulémas et des ministres. A ceux-ci appartient le droit de faire des remontrances au souverain, dans le cas où il s'écarterait du droit chemin, parce que la souveraineté est basée sur la loi politico-religieuse, qui, comme nous l'avons vu précédemment, ordonne au chef de prendre conseil avant d'agir, et prescrit formellement à tous d'empêcher le mal. Les ulémas sont les plus propres à remplir ce dernier précepte, parce qu'ils possèdent la science du droit ; de même que les ministres sont plus particulièrement en état d'apprécier les affaires purement politiques et la raison des temps.

Si les ulémas et les ministres voient dans les actes du souverain quelque chose de contraire à la loi politico-religieuse, ou à ce même code, qui n'en est que l'interprétation orthodoxe, ils devront suivre les prescriptions de la religion concernant l'empêchement du mal, c'est-à-dire, qu'ils commenceront par avertir le souverain ; et, si cela suffit, le but est atteint. Dans le cas contraire, ils devront prévenir les chefs de l'armée que leurs remontrances sont restées sans effet. Enfin, le même code indique le moyen extrême qui doit être employé si le souverain persiste à violer la loi et à suivre ses caprices : c'est de le déposer et d'élire à sa place un autre membre de la famille régnante.

Ainsi, selon les prescriptions et l'esprit de ce code, le rôle politique des ulémas et des ministres est le même que celui que remplissent aujourd'hui, dans les gouvernements constitutionnels de l'Europe, les chambres 'représentatives, dont nous aurons à parler. On pourrait même dire que ce rôle est encore plus élevé, puisque aux motifs d'ordre temporel qui nécessitent et légitiment le contrôle, se joint chez nous le commandement religieux.

Grâce aux salutaires effets de ce code, le gouvernement continua sa marche vers le progrès. Mais après s'être maintenu quelque temps dans cette voie, il rétrograda et se créa, lui-même, des causes de faiblesse et de décadence. On cessa de travailler, comme autrefois, au bien-être du pays, et, par suite, on négligea les préceptes de la loi religieuse et les prescriptions de la loi politique, octroyée précédemment avec tant d'éclat et de solennité. On n'apporta plus une attention scrupuleuse dans le choix des fonctionnaires chargés des branches les plus importantes de l'administration, et la plupart d'entre eux finirent par mettre leurs propres intérêts au-dessus de ceux du gouvernement et du bonheur des administrés.

D'un autre côté, de déplorables abus s'introduisirent parmi les janissaires ; ils affaiblirent l'organisation et l'obéissance de ce corps, à tel point, qu'il intervint arbitrairement dans les affaires de l'État, et qu'il troubla souvent la tranquillité publique par toute sorte de violences, après avoir été cité partout comme un modèle de

discipline et de courage sur les champs de bataille. De
tout cela et d'une foule d'autres causes, résulta un
mécontentement général dont les chefs des provinces
éloignées profitèrent pour ne plus obéir aux ordres du
gouvernement central et donner libre carrière à leurs
caprices et à leurs passions effrénées.

Tous ces désordres réduisirent la plupart des sujets
non musulmans à chercher protection chez les gouvernements étrangers ; car l'homme qui a perdu l'espoir
d'être garanti par la loi du pays, dans sa personne, dans
ses biens et dans son honneur, se donne volontiers à
celui qu'il croit le plus capable de le protéger, et, en
obtenant cette sécurité, il cherche même l'occasion de
se venger, particuliérement lorsqu'il n'est pas de la
même race et de la même religion que ses gouvernants.

Ces mêmes désordres résultant d'une administration
sans contrôle, n'ayant pour contre-poids aucune sorte
d'institutions soit politiques, soit politico-religieuses, ont
fourni aux puissances étrangères un spécieux prétexte
pour s'immiscer dans les affaires intérieures de l'empire
et pour entraîner le gouvernement dans une politique
presque toujours antinationale et souvent contradictoire,
suivant les vues et les intérêts particuliers de ces mêmes
puissances. Le mal s'accrut tellement que, sur plusieurs
points du territoire, il en résulta des guerres civiles,
dont la longue durée a dévoré une infinité d'existences
et des sommes énormes, et a facilité à des provinces importantes les moyens de se détacher de l'empire. Dans
les provinces restées soumises, l'anarchie prit des proportions qui auraient causé des maux incalculables et la
ruine complète de l'État, sans les remèdes énergiques
et intelligents apportés successivement par le sultan

Mahmoud et par ses deux fils et successeurs, Abd-el-Medjid et Abd-el-Aziz Khan, savoir :

Le premier (le sultan Mahmoud), par la destruction des janissaires, que des troupes régulières ont remplacées, et par la centralisation du pouvoir, les provinces de l'empire ayant été soustraites à l'action dissolvante des anciens chefs cupides et ambitieux, connus sous le nom de dara-beys.

Le second (le sultan Abd el-Medjid), par la promulgation du khatti chérif de Gulhané en 1255 (1839) et du khatti houmaïoun (1856), réformes incontestablement libérales, et qui sont encore aujourd'hui la base organique de l'administration de l'empire ;

Le troisième (le sultan Abd-el-Aziz), par son empressement à exécuter et à développer les réformes précédentes, au moyen de nombreuses ordonnances contenant toutes les prescriptions reconnues conformes aux besoins de l'époque, et basées sur l'expérience, et, en dernier lieu, par la loi sur les provinces, mesure d'une haute portée dont on peut se promettre les plus heureux résultats.

Au commencement du règne du sultan Abd-el-Medjid, la foule se montra contraire aux nouvelles institutions politiques, décrétées en vertu du khatti chérif de Gulhané et appelées Tanzimat khaïryé; et dans quelques parties de l'empire, il y eut des révoltes fomentées par des gouverneurs et leurs partisans, qui ne demandaient pas mieux que de continuer à administrer sans contrôle. Sachant que l'application de ces réformes aurait mis fin à leur gestion arbitraire et à leurs concussions, ils simulèrent un faux zèle religieux et publièrent parmi ces populations tout ce qui pouvait rendre ces réformes odieuses, entre autres choses, que ce qu'on venait de promulguer

était une loi nouvelle en opposition avec la loi de l'islamisme. Et en cela, il faut le dire, ils ont été puissamment
aidés par les gouvernements étrangers, qui avaient intérêt
à faire avorter ces réformes, à cause du bien qu'elles
devaient produire par la régularisation et l'amélioration
des affaires administratives. Mais, loin de profiter de ces
mécontentements et de saisir l'occasion de revenir au
système de l'arbitraire, ainsi que cela s'est vu dans d'autres pays musulmans, le gouvernement s'appliqua à dé-
truire ces insinuations calomnieuses et intéressées. A cet
effet, le cheikh el Islam Aref Bek, personnage éminent
et le plus pieux de son époque, fut envoyé dans les provinces où régnait l'agitation, avec mission d'éclairer les
populations et de les faire rentrer dans le respect et l'obéissance. Cet homme supérieur remplit son importante mission, en expliquant dans les chaires publiques que les
tanzimats, loin d'être en opposition avec la loi religieuse,
lui servaient au contraire d'appui, par la réorganisation
du temporel qui avait déjà été l'objet de l'ancienne loi
politique ; que le seul but de ces réformes était d'améliorer l'état du pays, de protéger les droits des particuliers
dans leurs personnes, dans leurs biens et leur honneur
et d'établir une barrière contre les actes arbitraires. Les
mécontents, rentrant alors dans la bonne voie, restèrent
en repos, et les tanzimats furent partout appliqués et
mis en vigueur autant que les circonstances le permirent.

Si un homme comme ce grand juge religieux, dont la
renommée est universelle parmi nous et dont la science,
la piété et l'expérience ont été reconnues et proclamées
par nos savants les plus distingués et particulièrement
par notre éminent et regrettable cheikh Sidi Ibrahim el
Riahi, si un tel homme, dis-je, n'avait pas été convaincu
que les tanzimats étaient acceptables et conformes aux

prescriptions et aux principes de la loi religieuse, jamais il n'en aurait demandé le maintien et l'application, jamais il n'en aurait fait l'éloge dans la chaire sacrée, et on ne l'eût point vu montrer toute l'ardeur de son zèle et la plus énergique insistance pour éclairer ceux qui étaient chargés de les appliquer.

En considérant ces réformes d'un œil impartial, on doit convenir de leur bonté et de leur opportunité; mais il faut admettre aussi et proclamer hautement que l'application franche et loyale de ces mêmes réformes et leur développement successif et pondéré sont les plus fermes garanties de la durée du gouvernement et les moyens les plus efficaces pour lui de recouvrer son ancienne splendeur.

La voie libérale dans laquelle ces trois souverains sont entrés et les réformes salutaires qu'ils ont opérées, ont sensiblement amélioré les affaires de l'empire; elles ont augmenté le bonheur des sujets, de sorte que tout homme impartial qui comparera l'état de choses actuel avec celui qui précédait ces réformes, sera forcé de reconnaître qu'elles ont produit de bons résultats.

Mais un certain nombre de musulmans, d'accord avec les sujets non musulmans de l'empire, trouvant ces réformes insuffisantes, réclament instamment la liberté la plus large pour contrôler les actes du gouvernement, en vertu d'institutions que devrait établir et sauvegarder une assemblée composée de membres élus par la nation tout entière; et, dans ces derniers temps, si l'on en croit les feuilles publiques, ils auraient accentué leurs prétentions avec un redoublement d'énergie.

Quoique nous n'ayons pas sur l'administration actuelle de l'empire, et particuliérement sur l'application des réformes édictées, des renseignements suffisants pour pouvoir apprécier exactement la justesse des raisons sur lesquelles s'appuie ce parti, nous approuvons cependant en principe ses demandes, persuadé qu'elles renferment des éléments de régularité, de force, de prospérité et de considération pour les États et de véritable dignité pour les sujets. Nous ne doutons pas qu'en demandant ces réformes, les musulmans n'aient en vue que le bien de l'État et le bonheur général ; mais qu'il nous soit permis de leur demander s'ils sont bien sûrs que les sujets non musulmans qui réclament ces mêmes libertés visent au même but sans arrière pensée, et méritent qu'on leur accorde une confiance pleine et entière. Selon nous, il existe des indices qui permettent de supposer que le but de la plupart d'entre eux est de se soustraire à la domination de la Sublime-Porte. Après avoir obtenu les libertés actuelles, ils n'ont donné aucune preuve de dévouement et d'affection à l'empire ; ils ont montré, au contraire, des tendances à se rapprocher de ceux qui sont de la même race et de la même croyance religieuse qu'eux-mêmes, en recherchant toutes les occasions de se proclamer opprimés, et même en fomentant des révoltes partielles. En cela, ils ont été aidés par les suggessions incessantes de quelques gouvernements étrangers, qui ont intérêt à s'attirer leur sympathie et à leur inspirer de la haine et de l'éloignement pour la race dominante par des motifs qui ne sauraient échapper à un observateur attentif. En concédant, avant d'en avoir bien pesé les conséquences, une liberté telle que ce parti la demande, on pourrait favoriser les vues secrètes des sujets non musulmans ; car la liberté politique a pour conséquence l'égalité pour tous les citoyens dans la jouissance et l'exercice de tous les droits. Or, cette égalité peut amener au pouvoir et aux emplois supérieurs tout homme ayant les capacités requises, et, dans ce cas, la liberté ne peut être complétement donnée que lorsque, l'union régnant entre les sujets, ils sont d'accord sur le maintien intégral de l'État, quelle que soit d'ailleurs la divergence des opinions sur les moyens les plus propres à en développer la prospérité et la puissance.

C'est pour des motifs moins importants encore que certains gouvernements européens, ainsi que nous le verrons bientôt en parlant de la liberté en Europe, ont très-longtemps refusé d'accorder la liberté en question, dans la crainte des partis hostiles dont le triomphe pourrait amener un changement de dynastie. Or, si un pareil refus est reconnu excusable dans un pays où le changement à redouter ne serait qu'intérieur et se bornerait à élever au souverain pouvoir une dynastie qui ne serait étrangère à la nation ni par son origine, ni par ses croyances religieuses, il doit l'être encore davantage lorsque la prépondérance des partis hostiles amènerait nécessairement le bouleversement de l'État, une dynastie nouvelle et le remplacement d'une race par l'autre.

Il faudrait considérer aussi que les sujets du gouvernement ottoman sont divisés en plusieurs races, qui diffèrent de religion, de langue et de mœurs, ignorant pour la plupart la langue officielle et ne se comprenant pas non plus entre elles, de telle sorte que la délibération et la discussion deviendraient impossibles dans une assemblée composée des représentants de toutes ces races. Il serait d'ailleurs impolitique d'établir des distinctions et d'accorder la liberté aux uns à l'exclusion des autres, à cause des inconvénients qui en résulteraient. L'état que nous venons d'indiquer est, selon nous, le principal obstacle à l'établissement des réformes telles qu'on les demande; et tout homme qui pèsera ces raisons avec impartialité ne saurait, en l'état actuel des choses, blâmer la Sublime-Porte de n'avoir pas encore accordé une complète liberté politique et le parlement en question.

Malgré les difficultés que nous venons de signaler, c'est un devoir pour le gouvernement de persévérer dans ses efforts et de lutter contre des obstacles dont la destruction restera, avec l'aide de Dieu, comme une trace glorieuse du règne du vicaire islamique de notre époque. Animé des meilleures intentions, ce prince ayant pu voir de ses propres yeux l'état de l'Europe, et comparer ce qu'il en avait appris par de simples relations avec les faits constatés par lui-même, s'empressera avec encore plus d'ardeur, nous l'espérons, d'adopter tout ce qui peut conduire à une complète liberté avec le concours des ulémas et de ses hommes d'État agissant d'un commun accord dans l'intérêt de la religion et de l'empire, et se tenant à la hauteur du progrès actuel par la connaissance de tout ce qui peut le favoriser.

Parmi les obstacles qui, dans les pays musulmans, s'opposent à l'introduction des institutions politiques dont nous parlons, il faut ranger le fait des puissances européennes, qui, donnant plus de portée qu'elles n'en ont réellement à des capitulations qui devraient avoir fait leur temps, refusent, contrairement au droit des gens et au principe de la souveraineté territoriale, d'admettre que leurs sujets résidant dans les pays musulmans soient placés sous la juridiction des tribunaux locaux, une fois les institutions politico-civiles promulguées. Elles allèguent que le peu de connaissances et d'instruction des juges musulmans ne présente pas des garanties suffisantes, et que le fanatisme et la haine religieuse contre les chrétiens les empêcheraient d'être impartiaux.

Quant au premier reproche d'ignorance et d'incapacité, il n'est pas permis de supposer qu'on veuille le généraliser et l'appliquer indistinctement à tous nos juges, tant religieux que civils; car tout homme sensé et impartial, tant soit peu au courant des affaires musulmanes, ne peut pas ignorer que les ulémas ont sur les lois et sur la jurisprudence les connaissances les plus étendues et les plus complètes, ce qui leur vaut justement ce titre d'ulémas. Il faut donc supposer que le reproche en question ne s'adresse qu'aux juges civils; mais, dans ce cas, il n'est pas admissible qu'on puisse formuler une objection qui tendrait à frapper de la même incapacité presque tous les sujets d'un État, de manière à faire croire qu'on ne pourrait rencontrer parmi eux des hommes capables de remp ir le rôle de juges, et d'appliquer convenablement les lois qui seraient la conséquence des institutions introduites dans cet État.

Il est vrai que, dans les commencements, il peut se produire, comme conséquence naturelle dè toute innovation, des tâtonnements et des retards jusqu'à ce que l'habitude et l'expérience nécessaires soient suffisamment acquises; mais cela ne peut aucunement fournir le motif d'une critique anticipée des institutions ou d'un reproche permanent contre les personnes. Nous savons en effet que les gouvernements européens qui ont adopté des institutions libérales n'ont pas atteint, dès le commencement et d'un seul coup, la régularité et la perfection actuelles, mais qu'ils n'y sont parvenus que graduellement et grâce au concours qu'ils ont rencontré dans la concorde entre les habitants et dans leur soumission à la loi du pays, sans quoi ils n'auraient pu retirer aucun avantage de ces mêmes institutions.

Or, nous voyons que maintenant encore il existe une différence marquée entre les États de l'Europe en ce qui concerne la bonté des institutions, la science, la capacité et l'impartialité des juges; et cette différence n'empêche pas les gouvernements les plus avancés d'accepter pour leurs sujets résidant à l'étranger la juridiction et les jugements des plus arriérés d'entre eux. Cela étant, il faut reconnaître qu'une pareille objection contre nous n'est que le résultat de craintes et de préjugés qui ne sont justifiés ni par l'expérience, ni par aucune raison vraiment solide. Puisque aucun sujet étranger n'a encore été soumis à la juridiction locale, comment nos adversaires peuvent-ils nous contredire en connaissance de cause, et prouver, pièces en main, la partialité qu'ils reprochent préventivement aux juges musulmans? Nous répétons donc que tout cela n'est qu'un vain prétexte et la conséquence d'un attachement exclusif à des capitulations surannées et ne convenant plus à notre époque, qui veut pour tous l'égalité et l'impartialité.

Quant à l'objection qui s'appuie sur le fanatisme et la haine religieuse des musulmans contre les chrétiens, elle peut être aisément rétorquée comme s'appliquant aux chrétiens aussi. Les musulmans auraient également le droit de penser que les chrétiens, par aversion ou par fanatisme, ne seraient pas à leur égard impartiaux dans leurs jugements. Mais la vérité est que la différence des cultes ne peut avoir aucune influence sur le juge musulman, qui, connaissant le droit public et privé, sait par état que la nationalité ou la croyance religieuse ne constitue ni un mérite ni un défaut aux yeux de la justice, que l'impartialité en est un des éléments essentiels, et qu'il doit, quelles que soient les parties, prononcer uniquement d'après la loi, pour se conformer aux préceptes de la religion, qui est le grand régulateur sur la matière et l'ennemie de toute partialité.

Nous lisons en effet qu'avant de se convertir à l'islamisme, Zéid ben Sâna s'étant rendu chez le Prophéte (que le salut soit sur lui!) pour lui réclamer le payement d'une dette, le saisit par son manteau et le tira si rudement que des traces de cette violence furent visibles sur son cou, et qu'il dit : « O descendants « d'Abd-el-Mottaleb, vous êtes des débiteurs négli- « gents. » Amour, qui était présent à cette scène, s'emporta contre ben Sâna, et lui reprocha énergiquement son étrange procédé dans la manière de réclamer sa créance. Mais le Prophéte lui dit : « Lui et moi, nous « attendions de toi autre chose que cela, Amour ; tu « aurais dû d'abord me recommander à moi l'exac- « titude dans le payement, et à lui des ménagements « dans la réclamation. » Puis, ayant ajouté : « Ce « créancier est venu trois jours avant l'échéance, » le Prophéte ordonna néanmoins à Amour de le solder sur-le-champ, et d'ajouter vingt mesures en sus pour la frayeur que lui avait causé son emportement. C'est alors que ben Sâna se fit musulman.

Les Sohaba (compagnons du Prophéte) ne se sont jamais écartés de cette régle d'impartialité, recommandée et ordonnée par la loi, et ils l'ont préchée par leur exemple. On sait, en effet, qu'un juif s'étant rendu chez le khalife Amour ben-el-Khattab, à propos d'une contestation qu'il avait eue avec Ali, neveu et gendre du Prophéte, et qui fut plus tard quatrième khalife, y

trouva ce dernier assis. Amour dit alors à Ali :
« Levez-vous, ô modèle des pères, et asseyez-vous à
« côté de votre adversaire. » Mais ayant vu qu'à ces
paroles Ali changeait de visage et paraissait mécontent,
dès que l'affaire fut terminée, il lui dit : « Comment se
« fait-il que vous soyez fâché de ce que je vous ai invité
« à vous asseoir au même rang que votre adversaire ? »
Ali lui répondit : « Je ne suis pas fâché de cela, mais
« de ce que vous m'ayez fait un compliment devant
« mon adversaire. »

Dès lors, comment pourrait-on soupçonner de partialité en faveur de la partie musulmane contre la partie
chrétienne le juge à qui sa religion fait un devoir
d'imiter et de suivre exactement dans l'application de la
loi, la pratique des premiers khalifes, étoiles de vérité ?

Après cela, nous disons qu'un homme impartial ne
peut refuser de reconnaître, dans les qualités du juge
musulman, telles que nous venons de les indiquer, une
garantie suffisante de son impartialité, comme il est
obligé d'avouer qu'il est impossible qu'une loi, une fois
sa nécessité admise, atteigne le but pour lequel elle a
été promulguée, et produise les bons effets qu'on en
attend, si elle ne peut être appliquée qu'à une partie
seulement des habitants, et particulièrement si ceux
qui sont ainsi soustraits, contrairement à tous les principes, à l'action de cette loi, ont entre leurs mains
presque toutes les branches du commerce et de l'industrie du pays.

De plus, non contents des obstacles apportés à l'introduction des réformes, en empêchant leurs sujets de
se soumettre à l'action des lois locales, une fois qu'elles
sont promulguées, certains gouvernements européens
ont cherché et cherchent encore à soulever les sujets de

quelques États musulmans contre l'acceptation des institutions politiques et administratives que leurs souverains voudraient leur octroyer de leur propre initiative,
et ils disent à ces sujets : « Les institutions qu'on veut
« vous donner ne vous conviennent nullement ; elles ne
« sont pas appropriées à votre état social, et il vaut
« mieux pour vous rester comme vous êtes. » Et, tout
en faisant répandre de telles insinuations, ces gouvernements et les agents n'ignorent certainement pas qu'ils
se mettent par là en contradiction avec les principes de
leur propre organisation politique, et qu'ils donnent
ainsi des encouragements directs à l'arbitraire et au
despotisme, en profitant de l'ignorance des masses.

D'autres gouvernements européens disent aux sujets
des pays musulmans, où des institutions sont en vigueur :
« La liberté dont on vous à gratifiés est incomplète ; elle
» n'est pas suffisante pour garantir et sauvegarder vos
» droits : vous devez en réclamer l'extension. » Et ils
tiennent ce langage, quoiqu'ils sachent qu'en réalité
cette liberté, qu'ils déclarent insuffisante pour les autres,
est beaucoup plus grande que celle qu'ont pu obtenir
d'eux leurs propres sujets.

Après cela, et en présence de ces contradictions, il faut
nécessairement admettre que les gouvernements dont
nous venons de parler ne peuvent avoir, en donnant ces
conseils, d'autre but que d'entretenir le mécontentement
et l'agitation dans les pays musulmans, pour en empêcher le progrès et la régénération.

En résumé, il est incontestable que la politique des
gouvernements européens, en ce qui concerne les pays
musulmans, est contradictoire, celle des uns étant de
tous points opposée à celle des autres. Car quelques-uns
d'entre eux appuient certains gouvernements musulmans

et sont disposés à les aider dans l'introduction d'institutions politiques adaptées à leurs besoins sociaux. D'autres s'opposent à toutes réformes dans un pays musulman, tandis qu'ils insistent pour leur application dans un autre, selon que cela convient à leurs intérêts politiques.

Malgré ce qui vient d'être dit au sujet de cette politique, je dois à la vérité d'ajouter qu'en ce qui concerne les capitulations, j'ai pu constater, d'après mes entretiens avec des hommes d'État de plusieurs grandes puissances occidentales, que leurs gouvernements reconnaissent sans difficulté que ces capitulations ne répondent plus aux besoins de l'époque, et qu'en principe, ils ne sont pas opposés à leur remplacement par des conventions en harmonie avec le droit international moderne. Mais, pour en venir là, ils demandent avant tout, comme garantie efficace des droits de leurs sujets, l'organisation de tribunaux, dont le fonctionnement régulier leur permettrait de faire des concessions, au fur et à mesure des progrès acquis et de la consolidation du nouvel ordre de choses. Or, le maintien du régime actuel étant, comme nous l'avons vu, un obstacle au développement régulier des affaires publiques, et, d'autre part, ces gouvernements européens ne voulant consentir à aucun changement, si ce n'est aux conditions ci-dessus énoncées, j'en conclus que les gouvernements musulmans sont dans l'obligation d'obvier à toutes les difficultés en concédant les garanties qui leur sont demandées.

La société islamique étant régie dans ses affaires temporelles et spirituelles par une loi d'origine céleste, qui se trouve renfermée dans des limites fixées par Dieu même, et cette société étant placée par conséquent dans les conditions de l'équilibre le plus parfait, doit trouver

et trouve en effet dans cette même loi, toujours et partout, les éléments essentiels de bonheur et de prospérité
pour ce monde et pour l'autre. Or, cette société, comme
toute autre, a des besoins d'une importance incontestable, qui, dans quelques circonstances, atteignent les
proportions de nécessités sociales, et dont la satisfaction
est seule capable d'amener la réglementation et le perfectionnement des affaires de l'État. Les moyens pour y
parvenir peuvent être de nature différente et varier indé-
finiment, selon les temps et l'état des mœurs; et lorsque
notre loi ne les indique pas formellement, comme elle
ne les interdit pas non plus, la saine interprétation de
cette loi indique qu'il faut les prendre en considération,
les adopter et en favoriser l'application.

Mais l'examen et l'emploi successif des moyens qui
doivent remédier aux nécessités sociales, et contribuer,
avec le progrès, au bonheur de la nation, ne peuvent
avoir lieu que par la concorde et par la réunion d'une
partie de la nation, composée de membres éclairés appartenant à la classe des ulémas et à celle des hommes versés
dans la politique, au courant des affaires intérieures et
extérieures, connaissant les causes du mal et la nature
des remèdes, et se prêtant, dans l'intérêt du peuple,
un appui réciproque pour procurer le bien et empêcher
le mal.

C'est donc aux hommes d'État, à cause de leurs connaissances spéciales, d'indiquer les besoins ou le mal et
de proposer les remèdes, et c'est aux ulémas de prendre
en considération les moyens indiqués par les hommes
d'État, et d'en légitimer l'application par une saine et
savante interprétation de la loi. Or, tous les ulémas qui
examineront d'un œil attentif la situation de leur pays,
en tenant compte de ses conditions intérieures et exté-

rieures, ne pourront se refuser à venir en aide aux hommes d'État dans l'organisation d'institutions appuyées sur les bases de la loi théocratique ; et, partant du principe qu'il faut faire le plus de bien et éviter le plus de mal possible, ils veilleront avec empressement à ce que ces institutions soient en rapport avec les principes fondamentaux de la loi théocratique, ou avec ce qui en découle naturellement et en constitue le développement et les ramifications, et ils se rappelleront surtout la maxime généralement attribuée à Amour ben Abd-el-Aziz : « Que la politique, comme la jurisprudence pratique, doit varier selon les circonstances. »

Il résulte de ce qui précède que les bases de la loi religieuse sont seules invariables et ne peuvent être modifiées par les révolutions du temps.

En relisant la savante dissertation du chef des hanafias, le cheikh Sidi Mohamed-Birem premier, on y trouvera des preuves qui confirment ce que nous venons d'avancer. Après avoir dit, comme définition, que « l'action du gouvernement selon la loi comprend tous les moyens par lesquels on se trouve le plus près du bien et le plus loin du mal, quand même ils n'auraient été ni indiqués par le Prophète, ni révélés par l'esprit de Dieu », ce jurisconsulte éminent blâme également ceux qui, dans l'interprétation relative au cercle dans lequel doit se mouvoir l'action du gouvernement, se tiendraient systématiquement dans les extrêmes. Celui, dit-il, qui s'en tiendrait rigoureusement à la lettre, se mettrait dans le cas ou de ne pas sauvegarder le droit, ou d'empêcher l'action de la justice, ou de favoriser indirectement la violation de la loi ; et celui qui, dans l'interprétation rationnelle touchant l'esprit de la loi, franchit les limites permises, sort tout à fait du cercle de la loi, et ouvre la voie à l'injustice et à l'arbitraire sous toutes ses formes.

Le cheikh Byrem cite ensuite Ebnou Kayem-el-Djowzïé, qui rapporte à son tour que Ebni Akil, appelé à se prononcer sur cette proposition : « qu'il ne saurait y avoir d'autre politique (l'action du gouvernement quant au temporel) que celle qui est approuvée par la loi », répondit à son auteur : « Si par là vous entendez que, dans
» la latitude qui lui est laissée, le gouvernement doit
» éviter de se mettre en opposition avec les principes
» explicites de la loi, ou avec ce qui en est la consé-
» quence légitime, vous avez raison; mais si vous en-
» tendez que l'action du gouvernement ne peut s'exercer
» qu'autant que la loi a parlé, et qu'elle doit s'arrêter
» devant son silence, c'est là une erreur grossière et une
» censure injuste de la doctrine des compagnons du
» prophète et de la pratique qu'ils ont constamment
» suivie. » Et il cita à l'appui plusieurs exemples de la politique adoptée par ces derniers.

Le même cheikh Byrem dit encore qu'après avoir relaté ce qui précède, Ebn-el-Kayem ajouta, à propos de la jurisprudence pratique, d'autres développements dont la conclusion est que, là où l'on voit des sentiers conduisant à la découverte de la vérité, à l'application de la justice et de l'équité, de quelque côté que viennent ces sentiers, qu'ils soient indiqués par la loi, ou simplement reconnus par l'homme, là est la loi temporelle de Dieu, car il ré_ pugne à sa bonté de supposer que, n'ayant indiqué que quelques-uns de ces sentiers, il ait voulu interdire tous les autres.

A propos de la jurisprudence basée sur la coutume, on demanda à El Karafi, « si, la coutume venant à changer, on doit changer aussi la loi, ou bien si l'on doit dire que nous ne sommes que de simples observateurs des règlements établis par nos prédécesseurs, et que nous ne pouvons pas faire une loi nouvelle, n'ayant pas qualité pour prendre sur nous la responsabilité d'une innovation quelconque. » Il répondit que « la prétention d'appliquer des lois basées sur une coutume qui a cessé d'exister aux actes qui sont le résultat d'une coutume nouvelle, provient de l'ignorance de la loi, et que la jurisprudence fondée sur la coutume doit changer avec elle, sans que ceux qui reconnaissent la nécessité de ce changement puissent être considérés comme auteurs d'une innovation interprétative de la loi, parce que c'est une maxime constante et reconnue par l'accord unanime des plus savants jurisconsultes. »

Ebnou Kayem a rangé parmi les effets de l'ignorance et les erreurs les plus grossières, la supposition que notre loi politico-religieuse ne puisse se prêter à toutes les exigences du temporel suivant les conjonctures, en ajoutant que cette ignorance et cette erreur ont permis aux souverains de violer la loi politico-religieuse et de franchir les limites fixées par la religion, pour commettre dans l'administration toute sorte d'actes arbitraires, sans même respecter les apparences et sans pouvoir prétexter la moindre excuse.

Le même cheikh, Byrem, dit enfin que la cause principale de tous ces désordres qui sont résultés de l'ignorance et de l'erreur sur la prétendue insuffisance de la loi islamique, a été l'interprétation matériellement littérale et par trop étroite de certains ulémas, qui, ne tenant aucun compte de l'esprit de la loi, et voulant rétrécir ce que Dieu a élargi, ont ainsi poussé les chefs politiques à violer, en désespoir de cause, la loi politico-religieuse, et, pour ce qui concerne le temporel, à ne plus s'enquérir des prescriptions et des limites qu'elle a établies.

Il est donc d'une importance extrême que les souve-
verains mulsumans, les ulémas et les hommes d'État,
travaillent d'un commun accord à l'introduction d'institutions basées sur le contrôle et sur la justice, contenant
des éléments qui puissent suffire au progrès moral des
sujets et à l'amélioration de leur état matériel, et orga-
nisées de manière à leur inspirer l'amour du pays, et à
faire ressortir aux yeux de tous les avantages qu'elles
produisent. Ils ne doivent nullement se préoccuper des
attaques que certains adversaires intéressés dirigent
contre ces institutions, en prétendant qu'elles sont inap-
plicables à la nation musulmane, et en formulant contre
leur adoption les quatre objections suivantes, savoir :
L'opposition des institutions avec les principes de la loi
religieuse ; l'inopportunité des institutions, à cause de
l'ignorance et de l'incapacité des masses ; la longueur de
la procédure et la lenteur dans la décision des affaires,
et enfin le surcroît de dépenses qu'occasionnerait la
création des emplois nécessaires au fonctionnement des
institutions redoutées.

Tout homme éclairé peut voir que ces objections n'ont
aucun fondement. Quant à la prétendue opposition avec
la loi religieuse, ce que nous avons dit plus haut prouve
suffisamment qu'elle n'existe point ; nous avons démontré au contraire que cette loi recommande l'adoption de
ces institutions politiques et administratives, particuliè-
ment à une époque comme la nôtre, avec ses exigences
spéciales.

La seconde objection, tirée de l'ignorance et de l'incapacité des masses, ne saurait être concluante ; car,
lorsque les autres nations, qui, grâce à leurs institutions, sont parvenues au plus haut degré de civilisation,
ont commencé leur mouvement ascensionnel, les masses

y étaient plus arriérées que les nôtres ne le sont maintenant. Nous admettons qu'actuellement l'instruction du peuple et ses connaissances pratiques sont bien moins avancées que dans certains États de l'Europe; mais il faut reconnaître aussi, comme doivent le faire tous les hommes impartiaux après un examen sérieux, que ce peuple, dont on ne saurait contester la supériorité de l'intelligence par rapport à d'autres nations déjà avancées, a, dans les débris de son ancienne civilisation et dans ses traditions vivantes, de quoi se relever et marcher plus rapidement que tout autre dans la voie du progrès, si des institutions vraiment libérales venaient en raviver la sève, et l'appelaient à intervenir dans ses affaires politiques et administratives par l'exercice d'un contrôle sérieux. Ce changement s'accomplirait dans un temps relativement bien court et qui étonnerait le monde ; car, bien qu'il soit présentement étouffé chez nous par l'arbitraire, ce sentiment de la liberté et de la dignité individuelle qui enfante des prodiges, et qui presque partout ailleurs n'est que le résultat des institutions et de l'éducation, est acquis au mulsuman dès l'enfance, comme un enseignement de sa propre religion.

Parmi les devoirs du législateur chargé de fonder les institutions, se trouve certainement celui de tenir compte de l'état moral des masses et de leur avancement dans les connaissances utiles, pour savoir quel est le degré de la liberté politique qu'on peut accorder, et s'il convient, ou non, d'en généraliser l'exercice et de l'étendre à tous indistinctement, ou de n'accorder cette liberté qu'à ceux qui se trouvent dans certaines conditions spéciales exigées pour cela. Mais, dans ce dernier cas, le législateur doit songer à faciliter la réalisation de ces conditions, en cherchant à accroître et à favoriser le

développement de tous les éléments de progrès et de civilisation. Or, quand même les peuples mulsumans ne
seraient point assez mûrs pour obtenir un degré quelconque de liberté politique, il faut admettre pourtant
que chacun d'eux a le droit naturel d'exister comme nation, quelle que soit la forme du gouvernement qui le
dirige. Il faut admettre aussi que, par suite, et tout en
n'intervenant pas dans les affaires publiques, chacun
d'eux a, du moins comme association civile, le droit d'exiger que l'administration soit organisée et réglée de manière que les fonctionnaires se trouvent obligés de rendre
à qui de droit un compte exact de leur gestion. Les mal-
versations et les abus doivent être réprimés, et surtout
les droits et les rapports des citoyens entre eux, ainsi que
leurs personnes, leurs biens et l ur honneur, doivent être
garantis par le respect et l'inviolabilité des lois existantes,
quelles qu'elles soient, et mis invariablement à l'abri de
tout acte arbitraire capable d'y porter atteinte.

Enfin, en admettant pour un moment que l'introduction d'institutions purement politiques soit inopportune,
à cause de cette prétendue ignorance et de cette incapacité, et que réellement, comme le soutiennent ces criti-
ques intéressés, les peuples musulmans soient à comparer à un mineur auquel il faut un tuteur jusqu'à sa majorité, peuvent-ils nous fournir les preuves et nous démontrer, la loi à la main, que le tuteur dans sa gestion
n'est pas tenu d'avoir constamment en vue les intérêts et
l'avantage de son pupille ? peuvent-ils nous démontrer
encore que l'on peut savoir si la tutelle est exercée, ou
non, d'une manière favorable aux intérêts du mineur,
sans que l'administration du tuteur soit soumise à un
contrôle basé sur la loi ?

En descendant à la troisième objection, nous répondrons d'abord que, sous le régime des institutions, la procédure devant les tribunaux réguliers ne serait pas plus longue que celle qui est suivie devant nos tribunaux religieux, et que, par conséquent, le retard dans la décision ne saurait provenir que de la difficulté et de la complication de l'affaire à examiner, ou de l'incapacité et de la négligence des juges.

Or, la lenteur qui proviendrait de la première de ces deux causes, c'est-à dire de la difficulté et de la complication de l'affaire, ne peut être critiquée que par ceux qui par des raisons secrètes feignent d'ignorer, ou qui ignorent réellement et complétement les notions les plus élémentaires de l'administration de la justice. Car l'examen auquel doit se livrer celui qui est appelé à prononcer une sentence, exige un certain temps avant que la conviction se forme dans son esprit, et ce temps dont la durée doit varier plus ou moins, selon la difficulté et la complication des affaires, est, tant pour celui qui doit prononcer que pour les parties elles-mêmes, une nécessité résultant de l'organisme humain, qui ne peut procéder que par actes successifs. Ainsi, tout jugement, qu'il soit basé sur une loi écrite ou sur la simple équité, ne saurait être légal et considéré comme tel qu'autant que les parties ont eu des délais suffisants pour préparer leur défense et produire leurs preuves ; le juge aussi doit avoir eu le temps nécessaire pour bien examiner le tout afin de pouvoir prononcer en connaissance de cause ; et lorsque l'un ou l'autre de ces délais n'est pas accordé, il y a violation des droits du juge on des parties.

Comme il résulte de tout ce qui vient d'être exposé qu'un temps plus ou moins long dans la procédure est une nécessité absolue, reconnue par la loi et par le bon sens, il doit nous être permis de dire que cette troisième objection n'est formulée que dans le but intéressé d'indisposer le peuple contre des institutions qui auraient pour conséquence la régularité de la justice. On veut de la sorte le rendre favorable au maintien du système suivi jusqu'ici par ses juges politiques, qui, dans la plupart des affaires soumises à leur décision, affaires dont l'examen demanderait plusieurs jours, si elles étaient portées devant le plus capable des juges, véritablement dignes de ce nom, prononcent au bout de quelques minutes, et sans appel, même lorsqu'il s'agit de la vie d'un homme !

Mais, quand même l'appel serait admis en principe, il deviendrait illusoire et impossible dans la pratique contre des jugements qui, n'étant pas rédigés par écrit, ne laissent conséquemment aucune trace apparente de leur existence ; car pour pouvoir procéder à la révision, il faut qu'il s'agisse d'un jugement motivé et appuyé sur des preuves qui puissent être pesées et comparées avec le jugement à réviser ; et, dans le cas en question, il ne s'agirait que de jugements prononcés verbalement, et dont il serait impossible de connaître et d'examiner les véritables motifs.

En effet, ou ces jugements à la minute dont nous parlons sont prononcés à la légère et au hasard, ce qui fait que nous voyons souvent des causes identiques amener des décisions contraires, ou bien ils ne sont appuyés que sur des motifs que le juge ne fait pas connaître ; et dans l'un comme dans l'autre cas, la révision n'en serait pas moins impossible et l'appel demeurerait illusoire.

Nous ne nions pas que, dans les commencements, il puisse se produire quelques retards exceptionnels dans l'expédition des affaires, à cause du manque d'habitude ; mais cet inconvénient ne serait que passager ; il disparaîtrait bientôt grâce à l'expérience acquise. Les affaires de minime importance recevraient des décisions sommaires, et les magistrats s'empresseraient de donner leur concours pour maintenir l'action régulière de la justice et sa prompte application, de telle sorte qu'après bien peu de temps les affaires ne subiraient d'autre retard que celui que nécessiterait leur propre nature.

Mais en admettant pour un moment que la longueur de la procédure et la lenteur dans l'expédition des affaires soient une conséquence directe et inévitable des institutions, ainsi que le prétendent nos adversaires, nous leur répondons que les institutions ne sont pas seulement établies pour que les affaires privées soient décidées d'une manière impartiale, ainsi qu'on est en droit de l'exiger, mais elles le sont encore pour des motifs très-élevés dont le plus important, à défaut de la liberté politique, est d'éviter le despotisme des chefs. Or, en supposant que du retard en question puisse résulter un dommage quelconque, qui, dans dans tous les cas, ne saurait être que négatif, ce mal serait-il à comparer avec le dommage réel, direct et général, qui résulte de la liberté laissée aux chefs de porter à volonté la main sur les personnes, sur leurs biens et leur honneur?

Quant au retard provenant de la seconde des causes énoncées plus haut, c'est-à-dire, de la négligence et de l'incapacité des fonctionnaires, on ne saurait en aucune manière le mettre sur le compte des institutions ; il ne faudrait s'en prendre qu'au gouvernement, qui ne surveillerait pas la conduite de ses fonctionnaires, et qui procéderait à leur nomination sans examen préalable, et sans s'assurer s'ils ont les qualités requises pour bien remplir leurs devoirs.

En ce qui concerne les institutions, nous dirons que

les fonctionnaires peuvent être classés de la manière suivante : les fonctionnaires qui aiment et approuvent sincèrement le système des institutions et préfèrent l'utilité qui en résulte pour la liberté, pour la dignité et le bien-être public aux avantages personnels qu'ils pourraient obtenir sous le système de l'arbitraire ; les fonctionnaires qui, méconnaissant complétement les bienfaits des institutions, ne trouvent pas une grande différence entre elles et le système de l'arbitraire, considèrent même leur introduction comme un signe de la fin des temps, et ne voient de salut que dans le maintien du *statu quo*; enfin, les fonctionnaires qui, n'ignorant pas l'excellence des institutions et les heureux fruits qu'elles produisent pour le bien-être de la nation, préfèrent à tous ces bienfaits les avantages particuliers qu'ils peuvent retirer du système de l'arbitraire et du despotisme. Cette indigne préférence ne peut avoir d'autre cause que le manque absolu de sincérité et de dignité dans le caractère, et l'oubli des conséquences qui en résultent pour ce monde et pour l'autre.

Cela posé, nous disons que les institutions les plus parfaites sous le rapport de l'opportunité et de l'organisation, ne sauraient produire des effets salutaires que si les fonctionnaires de la première catégorie sont chargés de leur mise à exécution ; car ils sont les seuls à la foi desquels on peut confier le soin des intérêts publics, les seuls dont le concours éclairé ne fera jamais défaut. Mais on arriverait à un résultat tout à fait contraire au but que l'on poursuit, si l'on confiait l'application des institutions aux fonctionnaires des deux autres catégories, et particulièrement à ceux de la troisième, parce qu'ils ont tout intérêt à les faire avorter.

Or, tout gouvernement qui voudrait sérieusement in

troduire le système des institutions, et qui saurait ce qu'il doit attendre des deux dernières catégories de fonctionnaires, ne pourrait leur en confier ni la garde, ni le développement, avant de s'être bien assuré par l'expérience que ceux de la seconde y ont adhéré sans restriction, et que ceux de la troisième se sont amendés au point de préférer l'intérêt public à leurs avantages particuliers, et qu'ils ont acquis les qualités sans lesquelles on ne peut accepter des fonctions qu'on ne saurait remplir dignement. En résumé, confier le soin d'un établissement à ceux qui en désirent la destruction, c'est lui créer la plus puissante cause de ruine.

La quatrième objection, tirée du prétendu surcroît de dépenses, ne provient que de la plus grossière ignorance de ce qui se passe ; et si ceux qui la formulent s'étaient donné la peine de comparer les résultats du système de l'arbitraire avec ceux du système réglementé par des institutions, ils n'auraient jamais hasardé une pareille objection, qui doit étonner tout homme de bon sens ; car c'est précisément le contraire qui est la vérité. En effet, c'est le système de l'arbitraire qui entraîne le plus de dépenses, parce que le gouvernement tire des contribuables non-seulement ce qu'il faut, mais plus qu'il ne faut, pour le dépenser le plus souvent sans nécessité et sans motifs raisonnables ; tandis que sous un système de gouvernement réglé par des institutions, le pouvoir, se trouvant astreint à ne prendre que le nécessaire, et à ne l'employer qu'à des dépenses d'une utilité incontestable, ne fait peser sur la nation que des charges raisonnables, auxquelles les contribuables se soumettent de bon cœur quand ils voient régner la justice et la régularité dans la perception et dans l'emploi des deniers publics. Lorsqu'on envisage la question avec impartialité et dans toute sa réalité, il faut donc reconnaître que les emplois nouveaux qu'exige le fonctionnement des institutions, loin d'être une cause de ruine, apportent au contraire une véritable économie ; car, si nous comparons la dépense qu'exigent ces emplois avec la diminution de frais qu'ils amènent dans d'autres branches du service public, par une plus grande diligence et par la suppression des sinécures, nous trouvons que la différence en moins est au-dessus de toute proportion, d'autant plus que ceux qui sont chargés du maniement des deniers publics rencontrent, sous ce système, un frein salutaire contre toute malversation.

Le choix ne saurait donc être douteux entre le système de l'arbitraire, d'après lequel l'argent des contribuables est pris et dépensé selon les caprices du chef et de ses agents, et le système qui ne permet au gouvernement de le prendre et de le dépenser que conformément à la loi ; car, en présence du contrôle et de la libre appréciation des ayants droit, ils doivent craindre d'être accusés de négligence et de malversation.

Ainsi, il demeure démontré par ce qui précède que les nombreuses dépenses qui pèsent injustement sur la nation, ne peuvent exister que sous le régime de l'arbitraire, et que le contrôle, qui amène le bonheur des sujets, ne peut avoir lieu que dans un gouvernement soumis à des institutions politiques et civiles. Cela suffit pour démontrer les avantages d'un système sur l'autre à quiconque a des yeux pour voir.

Si nous laissions un libre cours à notre plume, afin de faire connaître la situation financière de certains gouvenements et la manière dont les droits du fisc y ont été exercés, avant que les institutions fussent établies, pendant qu'elles étaient en vigueur, et depuis qu'elles sont tombées sous les attaques de ceux qui les calomnient encore, on verrait que l'ignorance, et l'ignorance la plus complète des avantages qu'elles procurent, a entraîné ces gouvernements et leurs adhérents dans l'égarement le plus déplorable; mais nous trouverions devant nous un si vaste champ, que nous ne saurions le parcourir sans nous éloigner du but de cet ouvrage.

Ce que la Turquie, centre moderne de l'islamisme, a fait jusqu'ici est d'un excellent exemple, et nous fait espérer que la persévérance et la sagesse de ses hommes d'État triompheront des obstacles qui lui sont propres, et parviendront à compléter les réformes qui doivent assurer le salut de l'empire et le maintien des droits des sujets. Mais les autres gouvernements musulmans, qui heureusement n'ont pas à lutter chez eux contre les mêmes obstacles intérieurs, ne sont entraînés que par leur aveugle passion pour le despotisme, source de tous les abus, quand ils refusent d'établir des institutions réclamées dans l'intérêt de leur propre conservation. Or, en présence de l'inertie de ces gouvernements et de leur obstination à maintenir un état de choses qui n'est plus de notre époque, il conviendrait, il serait juste et nécessaire que les gouvernements civilisés de l'Europe, qui se vantent si souvent, et non sans raison, de leur amour pour le bien de l'humanité, vinssent enfin sincèrement en aide aux aspirations des populations, en faisant disparaître les entraves qui s'opposent à l'introduction et au fonctionnement des réformes libérales chez les musulmans, qu'on voit gémir encore sous le joug du despotisme. Quand nous parlons ainsi, nous nous adressons particulièrement à ces gouvernements qui ont intérêt à maintenir l'indépendance des nations musulmanes, chez lesquelles se trouvent beaucoup plus d'éléments de vitalité et de progrès qu'on ne le suppose généralement en Europe.

En effet, les causes qui ont empêché jusqu'ici l'introduction des réformes ou leur développement graduel, et enfin, l'établissement d'une complète liberté politique et administrative dans le pays musulmans, ce ne sont, nous croyons l'avoir prouvé, ni les préceptes du Coran, qui favorisent au contraire la liberté et le progrès, ni l'incapacité et la prétendue ignorance des masses, excuse ordinaire des partisans du despotisme ; mais ce sont des causes politico-nationales, jointes à l'apathie des princes et des hommes d'État musulmans, ainsi que nous l'avons indiqué sans esprit de parti, mais avec une conviction sincère, basée sur des faits permanents.

Cet exposé des causes du progrès et de la décadence de la société musulmane est en partie le résumé de ce qu'ont écrit les savants et les historiens européens et musulmans. Nous l'avons fait, d'abord, pour que les européens et les non-musulmans ne connaissant pas à fond les bases de la loi islamique, ne puissent pas ignorer à quel degré de prospérité et de progrès est parvenue la société musulmane lorsque la loi politico-religieuse était intégralement et partout appliquée, et quand les chefs étaient les premiers à en observer les prescriptions. Ce point, nous le répétons, est admis par les hommes impartiaux des deux côtés, européens et musulmans. Nous l'avons fait ensuite pour qu'on sache que la loi islamique ne s'oppose nullement à l'existence des institutions purement politiques et administratives qui tendent à favoriser et à augmenter les moyens de civilisation. Sur ce point les Européens sont dans une étrange erreur quand ils expriment incessamment une opinion toute contraire dans leurs écrits et dans leurs feuilles politiques, par suite d'un préjugé qui ne peut trouver d'excuses que dans les désordres qu'ils voient régner chez les musulmans en ce qni concerne l'administration et la justice, et dans les dommages qui en résultent pour le bien-être des populations.

Tous ces désordres et d'autres encore ont leur source dans l'administration arbitraire et capricieuse des chefs et dans leur négligence à observer et à faire appliquer la loi théocratique.

Il est évident que la continuation de l'état de choses actuel constitue un grave danger, dont on ne saurait assez tôt conjurer les funestes conséquences. A l'appui de cette opinion, je citerai ce que m'a dit à ce sujet un éminent homme d'État français, savoir : « Que la civilisation moderne est un torrent impétueux, qui a creusé son lit à travers l'Europe, renversant violemment tout ce qui s'oppose à son cours; que les peuples musulmans limitrophes doivent se tenir en garde contre lui, et qu'ils ne peuvent se garantir de ses débordements qu'en suivant le courant. » Cette comparaison doit attrister tout bon musulman, sincèrement attaché à son pays, mais elle est fondée sur des faits qui frappent vivement les yeux; et ce qui en ressort est prouvé par l'expérience : car le voisinage produit naturellement des influences qui doivent s'accroître en proportion des besoins, des relations réciproques et de l'avancement des arts et des diverses industries, dont les produits agglomérés rendent nécessaire la création de nouveaux débouchés afin d'augmenter le revenu par l'exportation.

Après avoir résumé ce qui précède pour faire connaître les causes du progrès et de la décadence de la société islamique, nous allons tracer d'une manière sommaire l'état et la marche de la civilisation en Europe, depuis

Charlemagne jusqu'à l'époque actuelle, afin que le lecteur puisse embrasser d'un coup d'œil les progrès opérés dans les lettres, les sciences et les arts, et les noms des hommes illustres qui ont découvert ou mieux expliqué les secrets et les lois de la nature physique, morale et politique.

L'auteur fait ici le tableau détaillé de la marche de la civilisation européenne jusqu'à nos jours; il donne ensuite un aperçu des principales découvertes et inventions, et un exposé complet de l'organisation de l'instruction publique en France, qu'il propose pour modèle; après quoi il continue ainsi :

Les Européens font donc le plus grand cas de l'instruction publique et s'empressent d'élargir le cercle des connaissances, qui sont la base de la civilisation et du perfectionnement de l'espèce humaine. On en trouve une preuve frappante dans le grand nombre de leurs bibliothèques publiques, renfermant les matériaux de toutes les sciences, et dans le soin qu'ils mettent à en faciliter l'usage, par une bonne administration, dont le but principal est d'écarter tous les obstacles pouvant s'opposer aux heureux effets qu'elles sont destinées à produire. Pour confirmer ce qui précède, nous prendrons pour guide, quant au nombre des volumes de ces bibliothèques, le travail consciencieux qu'a publié M. Natoli, ministre de l'instruction publique, en Italie, et pour ce qui concerne le service des bibliothèques, nous relaterons ce que nous avons observé nous-même en France.

Suivent la statistique comparative des bibliothèques publiques en Europe, et la nomenclature de Paris, avec les détails du service intérieur.

A propos de l'enseignement, parmi les choses qu'il convient de noter ici, il ne faut pas oublier l'importance

que les Européens attachent à l'éducation des princes de
la famille régnante, au développement de leurs facultés
intellectuelles et à l'élargissement du cercle de leurs connaissances, ce qui est sans contredit un des points les
plus essentiels et les plus avantageux pour la bonne administration de l'État. Nous disons donc que chez eux,
lorsque le prince est parvenu à l'âge où l'éducation doit
commencer, le chef de la famille lui choisit des profes-
seurs d'un mérite reconnu, pour lui enseigner les principes généraux des lettres et des sciences, et diriger son
éducation d'une manière qui soit en rapport avec son
rang et avec les institutions du pays. Lorsque le prince
a complété son éducation littéraire et politique, on lui
fait visiter les pays étrangers, pour qu'il puisse par
lui-même en constater l'état, et comparer la différence
qui existe entre ces pays et le sien. Il pourra ainsi en
tenir compte et mettre à profit ses observations, lorsqu'il gouvernera à son tour, soit pour éviter ce qui
pourrait faire rétrograder son pays, soit pour adopter ce
qu'il a vu ailleurs de mieux organisé et de plus favorable
à la prospérité des peuples, soit pour persévérer dans le
système en vigueur dans son propre pays, s'il se trouve
meilleur que ce qu'il a vu chez les autres. Dès qu'il a
atteint l'âge de la majorité, qui varie selon les lois par-
ticulières de chaque nation, le prince héréditaire devient
membre du premier corps politique de l'État. En France,
par exemple, sous le second Empire, le prince héritier
devenait membre du Sénat, mais avec cette différence
qu'il avait seulement droit de présence, et qu'il ne pouvait prendre part à la discussion ni concourir au vote que
lorsqu'il avait accompli sa vingt-cinquième année, ce qui
était la condition d'âge exigée par les lois du pays pour
l'admission de tout membre dans un corps politique.

L'avantage qui. en résulte pour le prince, c'est de contracter, après un examen successif et approfondi, l'habitude des discussions politiques, et d'acquérir des notions complètes sur les théories gouvernementales, et une connaissance exacte de la valeur des hommes d'État, qui, devant lui, prennent part à la discussion journalière des affaires. Cette dernière connaissance est de la plus haute importance pour celui qui, se trouvant sur les marches du trône, est appelé à gouverner la nation et à remplir, par conséquent, la mission la plus haute et la plus difficile qui soit parmi les hommes, car rien n'égale le poids du fardeau résultant de la direction suprême de l'État.

Il est donc nécessaire que celui qui accepte la responsabilité de la souveraineté possède des connaissances générales et des qualités spéciales, qu'on doit exiger de lui plus encore que de tout autre fonctionnaire, et particulièrement il faut qu'il connaisse les hommes capables et expérimentés pour les appeler aux emplois supérieurs, et qu'il n'ignore pas jusqu'où peuvent aller la dissimulation et les intrigues de la jalousie et de l'envie. Car le devoir des souverains n'est pas de rendre en personne la justice à leurs sujets, comme cela se voit aujourd'hui dans certains pays musulmans, ni de se mêler des détails de l'administration, pour lesquels ils doivent être suppléés par des magistrats et par d'autres employés à ce destinés. Mais ce qu'on est en droit d'exiger d'eux personnellement, c'est la haute surveillance de l'administration générale de l'État, de manière à corriger les erreurs et à ne pas laisser les abus impunis, une étude approfondie des besoins du pays, une protection éclairée accordée aux sciences, à l'agriculture, au commerce et à l'industrie, une bonne organisation des forces de terre et de mer, la défense des frontières, et enfin une sage direction des relations politiques et commerciales, dans le but de réaliser tout ce qui peut contribuer à la grandeur de la nation et au développement de sa richesse.

Le bonheur ou le malheur des empires dépend de ce que les souverains remplissent ou non leurs fonctions de la manière que nous venons d'indiquer, il dépend aussi de l'existence ou de la non-existence d'institutions basées sur la justice, comprises et respectées de ceux qui sont chargés de leur application pratique.

Nous lisons dans Polybe : « De quelle utilité peut être » pour les malades un médecin qui ne connaît pas les » causes des maladies ? Que peut-on attendre d'un mi- » nistre d'État qui ne connaît ni la raison, ni l'origine » des affaires qui arrivent dans un royaume ? Comme il » n'y a pas d'apparence que le premier donne jamais » de remède convenable, il n'est pas possible que le » second, sans la connaissance de ce que nous venons » de dire, prenne prudemment un parti.

On doit donc reconnaître que si le bonheur des peuples ne peut se réaliser en présence de l'ignorance dont nous venons de parler, à plus forte raison devient-il impossible où cette ignorance s'ajoute à l'absence des institutions, qui seules peuvent servir de guide en pareille matière. Dans le premier cas, en effet, l'empêchement ne provient que de l'ignorance feinte ou réelle ; mais ce n'est là qu'une cause passagère, qui peut être facilement écartée en remplaçant ou en éclairant les employés, ou bien encore en forçant les faux ignorants à se conformer aux prescriptions des institutions en vigueur. Mais s'il n'existe aucune loi à laquelle on doive s'en rapporter, alors un large champ reste ouvert aux caprices et aux passions tant du chef que des subordonnés ; et il y aurait vraiment de quoi s'étonner si cela n'amenait pas la ruine complète de l'État, ainsi que nous en avons vu malheureusement des exemples frappants.

Comme ce que nous avons exposé dans le cours de cette introduction tend positivement à démontrer que la liberté est la base et la source du développement des sciences et de la civilisation chez les nations européennes, nous croyons devoir expliquer comment la liberté y est pratiquée, afin de prévenir ou de dissiper tout doute à cet égard.

Il existe chez les Européens deux libertés principales : la liberté civile et la liberté politique. La première consiste dans le droit reconnu à tous les citoyens de disposer comme ils l'entendent de leurs personnes et de leurs biens, de jouir de l'égalité devant la loi et d'une entière sécurité pour leurs personnes, pour leur fortune et pour leur honneur, de manière qu'ils ne puissent jamais être exposés à craindre la violation arbitraire d'aucun de leurs droits, ou à être jugés contrairement aux lois du pays, dont l'application est confiée à des tribunaux indépendants et légalement constitués; parce que, dans les pays de liberté, les lois lient aussi bien les gouvernants que les gouvernés.

La liberté civile, telle que nous venons de la définir, existe, sauf quelques légères différences, selon les constitutions spéciales, dans tous les États européens, excepté en Russie; il en était de même dans les États du Pape avant l'unification de l'Italie; car ce sont là deux gouvernements absolus, et quoiqu'ils aient des codes de lois et des tribunaux, cela ne suffit pas à la complète garantie des sujets, parce que l'application régulière des lois y dépend ou y dépendait en définitive de la seule volonté du souverain.

L'autre liberté est la liberté politique. C'est le droit

qu'ont les citoyens de participer aux affaires politiques et d'exprimer leurs opinions sur ce qui convient le mieux aux intérêts de la nation. C'est précisément à ce droit que faisait allusion, ainsi que nous l'avons vu, le second khalife Amour ben el Khattab, quand il disait : « O vous tous qui m'écoutez, si vous voyez des écarts « dans mon administration, veuillez les redresser. »

Mais si la liberté politique devait être personnellement exercée par chaque citoyen, il en résulterait, à cause du nombre et de la divergence des opinions, une grande confusion dans la délibération et un retard préjudiciable dans l'adoption des mesures intéressant le salut commun. On a donc remédié à cet inconvénient en faisant nommer par la nation un nombre de représentants fixé proportionnellement d'après la population, et dont la réunion constitue ce qu'on appelle les Chambres. Cela se pratique ainsi dans tous les États européens, excepté en Russie.

Ces représentants agissent au nom et dans l'intérêt de la nation. Ce sont eux qui ont le droit de discuter et de voter les lois et les impôts, de contrôler les actes du gouvernement et d'exprimer librement leur opinion devant les ministres, ainsi que nous le verrons en parlant des institutions politiques de l'Europe.

La nation a encore d'autres priviléges, tels que le droit de réunion pour discuter ses propres intérêts, et la liberté de la presse, d'après laquelle tout citoyen a le droit de publier ce qu'il croit avantageux à la nation, dans des livres ou des journaux qui sont à la portée du peuple, et enfin d'adresser des pétitions aux corps constitués, quand bien même elles contiendraient la critique des actes du gouvernement.

Pour ce qui concerne l'extension des libertés, il

existe une certaine différence parmi les nations européennes ; car il y en a qui possèdent les deux libertés
telles que nous les avons définies, et qui sont, par suite,
en possession de la liberté complète. Il y en a chez qui
la liberté politique est restreinte par des motifs intéressant leurs gouvernements, qui croient ne pouvoir
donner ce que d'autres ont accordé sans inconvénient ;
et cela, parce que l'état des gouvernements diffère suivant les tendances des sujets et le but en vue duquel ils
se serviraient de la complète liberté politique. Là, en
effet, où les sujets ne font qu'une opposition légitime,
et dans le cas seulement où le pouvoir s'écarte de la
bonne voie, pour l'engager à adopter ce qui est avantageux à l'État, on a pu accorder en toute sécurité la complète liberté politique, à cause de l'identité de vues des
sujets et du gouvernement, concourant ensemble à produire l'avantage général.

Mais il y a des adversaires systématiques qui, par
leurs tendances bien connues, permettent de supposer
que leur opposition n'a d'autre mobile que l'esprit de
parti, la nation étant divisée en partis politiques et chacun d'eux désirant voir triompher la forme de gouvernement qui est à ses yeux, la plus favorable au pays. Ainsi,
il y a des partis qui préfèrent la république à la monarchie constitutionnelle ; il y en a d'autres qui, tout en
voulant la monarchie, préfèrent une dynastie à une
autre ; d'où il résulte que le pouvoir a lieu de craindre
que l'opposition qui lui est faite par les divers partis,
dans le but apparent de ramener le gouvernement dans
la bonne voie, n'ait pour principe des motifs secrets de
la nature de ceux dont nous venons de parler. C'est à
cause de ces craintes que certains gouvernements ont pu se
croire dispensés d'accorder une complète liberté politique.

Le devoir des États où existe la liberté, c'est d'en profiter pour la rendre féconde et pour en faire sortir les
heureux effets par le développement des sciences, des
arts, de l'agriculture et du commerce. Ce sont les véritables sources du bien-être matériel, qui est un complément de l'indépendance et de la liberté, et que l'on
ne peut atteindre que s'il est favorisé par la justice et par
une bonne organisation de la société.

Pour qu'il y ait du bien-être quelque part, il faut que
l'ordre social soit assis sur des bases solides, que la
propriété soit respectée, que la sécurité règne ; il faut,
en un mot, que l'homme qui travaille ne soit pas exposé
à se voir ravir le fruit de ses peines. C'est en vain que
la Providence aura placé un peuple sous un climat favorisé, au milieu des terres les plus fertiles ; si celui qui
sème n'est pas assuré de récolter, les terres demeureront
incultes. Pourquoi les riches provinces de l'Asie et de
l'Afrique sont-elles aujourd'hui frappées de stérilité ?
Évidemment parce que le manque de sécurité détruit la
confiance et, par suite, l'activité.

Les moyens généraux d'accroître la production sont
les voies de communication, les institutions de crédit et
l'éducation professionnelle.

Par les voies de communication, l'on rapproche la
production et la consommation, le producteur et les matières premières. Par les institutions de crédit, on fait
circuler les capitaux, qui fécondent la production, et on
les fait parvenir entre les mains les plus capables de les
faire valoir. Par l'éducation professionnelle, on façonne
à l'art de la production l'homme qui en est l'agent
essentiel.

Nous avons constaté nous-même que les pays qui
sont parvenus au plus haut degré de prospérité sont

ceux où la liberté a jeté des racines profondes, et dont les sujets ont pu en utiliser les bienfaits, en mettant le plus grand empressement à se procurer les avantages qu'elle assure aux individus et aux patrons.

Une des conséquences de la liberté, c'est l'indépendance individuelle dans les entreprises commerciales.

L'association ou l'union entre plusieurs personnes, dans un intérêt commun, pour quelque entreprise, est un des moyens les plus féconds pour la prospérité commerciale, ainsi que cela est admis par le bon sens et prouvé par l'expérience ; car la force qui résulte de l'union est un axiome incontestable et reconnu en toutes choses, et chaque fois que l'esprit d'association s'empare d'un peuple, on en voit sortir les plus heureux et les plus étonnants résultats.

C'est cet esprit qui a multiplié en Europe les sociétés de toute espèce, civiles et commerciales, financières, industrielles, maritimes, agricoles ; qui a créé d'admirables institutions scientifiques ou charitables et les plus beaux établissements de l'industrie moderne ; les exploitations des mines et des carrières, les canaux, les chemins de fer, les banques, et tant d'autres entreprises qui n'auraient jamais pu exister sans lui. Quel individu eût jamais été assez riche et assez puissant pour entreprendre un chemin de fer ? Peu de personnes auraient voulu engager toute leur fortune dans de pareils projets, rendus faciles de nos jours avec la réunion de deux ou trois cent mille associés ou actionnaires, ne risquant qu'une faible portion de leur fortune pour se créer une part de propriété dans une grande compagnie. Les statuts de la société, après un examen approfondi, approuvés par le gouvernement dont la direction appartient, sous le nom de Conseil d'administration, à des hommes distingués par leurs lumières, leur fortune et leur position sociale, et d'ailleurs nommés par les actionnaires eux-mêmes, pour appliquer les statuts sociaux, sauvegarder les intérêts communs, rendre annuellement un compte exact des recettes et des dépenses et de toutes les opérations qui s'y rattachent, enfin, pour fixer et répartir les dividendes, c'est-à-dire, la part de bénéfice qui revient à chaque actionnaire.

Sans le développement de l'esprit d'association, aurait-on pu songer de nos jours à faire communiquer l'Europe avec l'Amérique, au moyen d'un câble électrique, ce qui est le triomphe de la science positive appliquée à la spéculation? Aurait-on songé à percer un canal à travers l'isthme de Suez, à faire communiquer les deux océans sur le territoire de l'Amérique centrale, à percer les Alpes, à franchir les Pyrénées, à faire un tunnel sous la Tamise, à créer ces grandes compagnies maritimes, telles que les Messageries Impériales, qui sillonnent toutes les mers avec leurs magnifiques bateaux à vapeur, en un mot, à concevoir et à mettre à exécution tous les projets qui ont étonné notre siècle?

Les hommes d'État, les inventeurs, les entrepreneurs, les ouvriers habiles, c'est-à-dire l'intelligence et le travail, trouvent dans l'esprit d'association un auxiliaire puissant pour se procurer le capital et les moyens nécessaires d'appliquer leurs découvertes, de développer leur industrie et d'augmenter la fortune publique.

L'association, l'expérience le démontre, est donc un principe d'une admirable fécondité; en réunissant les forces individuelles en un foyer, il en centuple la puissance. Dans l'industrie et le commerce en particulier, il est susceptible des plus nombreuses et des plus heureuses applications. Il n'est, pour ainsi dire, pas de travaux qu'il ne permette d'entreprendre, pas de résultat, quelque prodigieux qu'il soit, qu'il ne puisse atteindre. Les deux plus colossales créations des temps modernes, la Banque de France et les colonies britanniques dans l'Inde en sont la preuve.

L'auteur retrace ici l'histoire de la Banque de France et en fait connaître l'organisation ainsi que les prodigieux résultats. Il ajoute en outre quelques détails sur les encouragements donnés en Europe aux sciences, aux arts, à l'industrie et au commerce, et il explique à ses coreligionnaires les avantages qui résultent des expositions industrielles et agricoles, après quoi il continue ainsi :

Le moment est venu de faire connaître et d'expliquer les bases des institutions politiques en Europe, d'où découlent la civilisation et la prospérité auxquelles nous avons souvent fait allusion. Et d'abord, nous disons que les Européens ont constaté par l'expérience que la liberté laissée au souverain et à ses agents de diriger les affaires du pays sans autre règle que leur volonté, était une source d'abus qui amènent la ruine des États. S'étant confirmés dans cette conviction par la connaissance que l'histoire leur a fournie des causes du progrès et de la décadence des sociétés anciennes, ils ont fini par adopter le principe salutaire de l'intervention de la nation dans les affaires publiques par l'intermédiaire de ses représentants, conformément à des lois fondamentales élaborées de concert par les gouvernants et par les gouvernés. Ces lois sont de deux sortes : celles qui règlent les rapports entre le souverain et la nation, et celles qui régissent les rapports et les droits des particuliers entre eux.

L'auteur rappelle les principes généraux du droit

public intérieur communs aux diverses constitutions de l'Europe; il expose les droits et les devoirs des souverains; il explique le droit électoral, le fonctionnement des chambres, le rôle des majorités, et ce qui amène la chute ou la démission des ministres ; il s'étend sur la responsabilité ministérielle, et fait comprendre aux musulmans ce que c'est que la dictature en Europe. Enfin, après avoir fait ressortir la nécessité pour le gouvernement de marcher d'accord avec la majorité, les avantages qui en résultent pour lui et pour la nation, il ajoute :

On n'ignore pas tout ce que le système du contrôle renferme d'amertume à cause de la publicité et de l'énergie des attaques dans les débats qu'il organise. Un semblable régime doit donc répugner au tempérament et au caractère de certains princes et des hommes d'État qui les environnent ; mais heureusement pour les nations européennes, les souverains et leurs ministres ont compris toute l'utilité des gouvernements libres et du contrôle, qui en est la conséquence.

Ici l'auteur fait ressortir ce que, par suite des institutions libérales, les nations européennes ont acquis en fait de progrès, de prospérité, de force intérieure et de prépondérance à l'extérieur ; et, après avoir comparé ces nations avec les Persans, les Grecs et les Romains, en montrant que ces anciens peuples ne sont arrivés à l'apogée de la gloire que par la sagesse de leurs institutions et par leur respect pour elles, et qu'ils ne sont tombés que pour les avoir négligées, il termine ainsi :

Nous croyons avoir prouvé d'une manière péremptoire, dans cette introduction, que l'administration politique et civile, régie par des institutions libérales, constitue un des plus grands avantages pour l'État et pour les citoyens. Les heureux effets en sont visibles à tous les yeux dans

les gouvernements constitutionnels, et, si l'administration
politique et civile est, au contraire, exercée sans le contre-
poids et le frein salutaire de ces institutions, il en résulte
les maux les plus frappants et les plus désastreux. L'une
et l'autre conséquence ne peuvent échapper à l'œil vigi-
lant de tout homme qui aime sincèrement son pays :
c'est pour cela que nous ne cesserons pas de répéter
que l'introduction d'institutions politiques libérales parmi
nous est une des nécessités absolues de notre époque.
Nous ajoutons, appuyé sur la vérité et sans crainte d'être
sérieusement contredit, que tout fonctionnaire qui n'admet pas l'utilité et la nécessité du contrôle, permet de
suspecter son intégrité et son attachement à l'État et à
la patrie. Car le précepte que notre religion nous donne
de conseiller le bien, ne peut être suivi sans la connais-
naissance des faits, et ce n'est que par le contrôle qu'on
peut acquérir cette connaissance.

Par ce que nous avons confié aux pages de cette introduction, nous croyons en avoir dit assez pour être compris de tout lecteur intelligent.

NOTE DU TRADUCTEUR

Les deux livres qui viennent après l'introduction renferment la partie statistique, et contiennent, sous la rubrique de chaque État, l'exposé des matières suivantes :

Histoire. — Chronologie des souverains. — Notices géographiques et statistiques. — Institutions politiques. — Organisation administrative. — Instruction publique. — Justice. — Production nationale, naturelle et induustrielle. — Commerce d'exportation et d'importation. — Finances. — Forces de terre et de mer.

10 Djoumed et Awel 1284 (9 septembre 1867).

733 — SAINT-OMER, TYP. H. D'HOMONT.

www.ingramcontent.com/pod-product-compliance
Lightning Source LLC
Chambersburg PA
CBHW051234030726
47595CB00003B/910